कौटिल्य

(चाणक्य-रचित प्रसिद्ध ग्रन्थ 'अर्थशास्त्र'
का संक्षिप्त हिन्दी रूपान्तर)

कौटिल्य

राजपाल

रूपान्तरकार
प्रो. इन्द्र

मूल्य : ₹ 99

ISBN : 978-81-7028-210-5

प्रथम संस्करण : 2009, पंचम आवृत्ति : 2013

© : राजपाल एण्ड सन्ज़

KAUTILYA ARTHSHASTRA
by Kautilya

मुद्रक : के. एच. बी. ऑफसेट प्रोसेस, दिल्ली

राजपाल एण्ड सन्ज़

1590, मदरसा रोड, कश्मीरी गेट-दिल्ली-110006

फोनः 011-23869812, 23865483, फैक्सः 011-23867791

website : www.rajpalpublishing.com

e-mail : sales@rajpalpublishing.com

प्रस्तावना

प्रस्तुत पुस्तक 'कौटिल्य अर्थशास्त्र' का हिन्दी में संक्षिप्त रूपान्तर है। इसका प्रयोजन साधारण हिन्दी जगत् को प्राचीन भारतीय साहित्य की इस अनुपम कृति से परिचित कराना है।

सर्वप्रथम सन् 1905 में दक्षिण भारत के तंजौर ज़िला निवासी एक ब्राह्मण ने मैसूर गवर्नमेंट प्राच्य पुस्तकालय में 'कौटिल्य अर्थशास्त्र' की एक हस्तलिखित प्रति भेंट की। पुस्तकालय के तत्कालीन अध्यक्ष शाम शास्त्री ने इस प्रति का सूक्ष्म अध्ययन करके इसका प्रथम संस्करण 1909 में प्रकाशित किया और पुस्तक के साथ प्राप्त भट्टस्वामी की आंशिक टीका के आधार पर 1915 में इसका अंग्रेज़ी अनुवाद भी प्रकाशित किया।

पुस्तक के प्रकाशन के साथ ही भारत तथा पाश्चात्य देशों में हलचल-सी मच गई, क्योंकि इसमें शासन-विज्ञान के उन अद्भुत तत्त्वों का वर्णन पाया गया, जिनके सम्बन्ध में भारतीयों को सर्वथा अनभिज्ञ समझा जाता था। पाश्चात्य विद्वान् फ्लीट, जौली आदि ने इस पुस्तक को एक 'अत्यन्त महत्त्वपूर्ण' ग्रन्थ बतलाया और इसे भारत के प्राचीन इतिहास के निर्माण में परम सहायक साधन स्वीकार किया।

इस पुस्तक की रचना आचार्य विष्णुगुप्त ने की, जिसे कौटिल्य और चाणक्य नामों से भी स्मरण किया जाता है। पुस्तक की समाप्ति पर स्पष्ट रूप से लिखा गया है :

"प्रायः भाष्यकारों का शास्त्रों के अर्थ में परस्पर मतभेद देखकर विष्णुगुप्त ने स्वयं ही सूत्रों को लिखा और स्वयं ही उनका भाष्य भी किया।" (15/1)

साथ ही यह भी लिखा गया है:

"इस शास्त्र ('अर्थशास्त्र') का प्रणयन उसने किया है, जिसने अपने क्रोध

द्वारा नन्दों के राज्य को नष्ट करके शास्त्र, शस्त्र और भूमि का उद्धार किया।'' (15/1)

विष्णुपुराण में इस घटना की चर्चा इस तरह की गई है : ''महापद्मनन्द नाम का एक राजा था। उसके नौ पुत्रों ने सौ वर्ष तक राज्य किया। उन नन्दों को कौटिल्य नाम के ब्राह्मण ने मार दिया। उनकी मृत्यु के बाद मौर्यों ने पृथ्वी पर राज्य किया और कौटिल्य ने स्वयं प्रथम चन्द्रगुप्त का राज्याभिषेक किया। चन्द्रगुप्त का पुत्र बिन्दुसार हुआ और बिन्दुसार का पुत्र अशोकवर्धन हुआ।'' (4/24)

'नीतिसार' के कर्ता कामन्दक ने भी इस घटना की पुष्टि करते हुए लिखा है : ''इन्द्र के समान शक्तिशाली आचार्य विष्णुगुप्त ने अकेले ही वज्र-सदृश अपनी मन्त्र-शक्ति द्वारा पर्वत-तुल्य महाराज नन्द का नाश कर दिया और उसके स्थान पर मनुष्यों में चन्द्रमा के समान चन्द्रगुप्त को पृथ्वी के शासन पर अधिष्ठित किया।''

इन उद्धरणों से स्पष्ट है कि विष्णुगुप्त और कौटिल्य एक ही व्यक्ति थे। 'अर्थशास्त्र' में ही द्वितीय अधिकरण के दशम अध्याय के अन्त में पुस्तक के रचयिता का नाम 'कौटिल्य' बताया गया है :

''सब शास्त्रों का अनुशीलन करके और उनका प्रयोग भी जान करके कौटिल्य ने राजा (चन्द्रगुप्त) के लिए इस शासन-विधि ('अर्थशास्त्र') का निर्माण किया है।'' (2/10)

पुस्तक के आरम्भ में 'कौटिल्येन कृतं शास्त्रम्' तथा प्रत्येक अध्याय के अन्त में 'इति कौटिलीयेऽर्थशास्त्रे' लिखकर ग्रन्थकार ने अपने 'कौटिल्य' नाम को अधिक विख्यात किया है। जहाँ-जहाँ अन्य आचार्यों के मत का प्रतिपादन किया है, अन्त में 'इति कौटिल्यः', अर्थात् कौटिल्य का मत है—इस तरह कहकर कौटिल्य नाम के लिए अपना अधिक पक्षपात प्रदर्शित किया है।

परन्तु यह सर्वथा निर्विवाद है कि विष्णुगुप्त तथा कौटिल्य अभिन्न व्यक्ति थे। उत्तरकालीन दण्डी कवि ने इसे आचार्य विष्णुगुप्त नाम से यदि कहा है, तो बाणभट्ट ने इसे ही कौटिल्य नाम से पुकारा है। दोनों का कथन है कि इस आचार्य ने 'दण्डनीति' अथवा 'अर्थशास्त्र' की रचना की।

पञ्चतन्त्र में इसी आचार्य का नाम चाणक्य दिया गया है, जो अर्थशास्त्र का रचयिता है। कवि विशाखदत्त-प्रणीत सुप्रसिद्ध नाटक 'मुद्राराक्षस' में चाणक्य को कभी कौटिल्य तथा कभी विष्णुगुप्त नाम से सम्बोधित किया गया है।

कहते हैं कि अन्तिम महाराज नन्द (योगानन्द) ने अपने मन्त्री शकटार को श्राद्ध के लिए ब्राह्मणों को एकत्र करने के लिए कहा। शकटार राजा द्वारा पूर्व में किए गए किसी अपमान से पीड़ित था। उसने एक ऐसे क्रोधी ब्राह्मण को ढूँढ़ना शुरू किया, जो श्राद्ध में उपस्थित होकर राजा को अपने ब्रह्मतेज से भस्म कर दे। खोज करते हुए उसने एक कुरूप, कृष्णकाय ब्राह्मण को देखा, जो किसी जंगल में काँटेदार झाड़ियों को काट रहा था और उनकी जड़ों में खट्टा दही डाल रहा था। शकटार द्वारा इसका कारण पूछे जाने पर उस ब्राह्मण ने कहा, ''इन झाड़ियों के काँटों के चुभने से मेरे पिता का देहान्त हुआ, अतः मैं इन्हें समूचा नष्ट कर रहा हूँ।''

इस क्रोधी ब्राह्मण को शकटार ने उपयुक्त, निमन्त्रण-योग्य ब्राह्मण जाना और उससे महाराज नन्द द्वारा आयोजित ब्रह्मभोज में उपस्थित होने की प्रार्थना की। ब्राह्मण ने इस निमन्त्रण को सहर्ष स्वीकार कर लिया।

नियत समय पर जब वह ब्राह्मण ब्रह्मभोज के लिए उपस्थित हुआ, मन्त्री शकटार ने आदरपूर्वक उसे सर्वप्रथम आसन पर विराजमान किया। ब्रह्मभोज आरम्भ होने पर जब महाराज नन्द ब्राह्मणों का दर्शन करने के लिए आए तो सर्वप्रथम एक कुरूप, कृष्णकाय, भीषण व्यक्ति को देखकर अति क्रुद्ध होकर कहने लगे : ''इस चाण्डाल को ब्रह्मभोज में क्यों लाया गया है?'' ब्राह्मण इस अपमान को सहन न कर सका और उसने भोजन छोड़कर तत्काल अपनी शिखा खोलते हुए यह प्रतिज्ञा की : ''जब तक मैं नन्द वंश को समूल नष्ट करके अपने इस अपमान का बदला नहीं ले लूँगा, तब तक मैं शिखा-बन्धन न करूँगा!'' ऐसी गर्जना करता हुआ वह ब्राह्मण ब्रह्मभोज से उठकर चला गया। शकटार अपनी इच्छा को पूर्ण होता हुआ देखकर अति प्रसन्न हुआ।

इसी ब्राह्मण ने, जो चाणक्य था, अपनी मन्त्रशक्ति द्वारा अकेले ही नन्द राजाओं का नाश किया और मौर्य चन्द्रगुप्त को, जो स्वयं अपने पिता नन्द द्वारा अपमानित होकर राज्य पर अधिकार करने की चिन्ता में था, भारत के प्रथम सम्राट् के रूप में प्रतिष्ठित किया। भारत उस समय जनपदों में बँटा हुआ था, जिन पर छोटे-छोटे राजा लोग शासन करते थे। चाणक्य ने उन सबको मौर्य चन्द्रगुप्त के अधीन किया और पहली बार भारत को एक साम्राज्य में संगठित किया। इसी साम्राज्य को चन्द्रगुप्त के पौत्र सम्राट् अशोक ने धर्म-विजयों द्वारा अफगानिस्तान से दक्षिण तक और बंगाल से काठियावाड़ तक विस्तृत किया। इन्हीं मौर्य सम्राटों द्वारा वस्तुतः भारत का एक राष्ट्र-रूप सर्वप्रथम विकसित हुआ, जिसका मूल श्रेय

उसी नीति-विशारद, कूटनीतिज्ञ, दूरद्रष्टा ब्राह्मण को है, जिसे कौटिल्य, चाणक्य या विष्णुगुप्त नामों से कहा गया है।

'अर्थशास्त्र' की रचना 'शासन-विधि' के रूप में प्रथम मौर्य सम्राट् चन्द्रगुप्त के लिए की गई। अतः इसकी रचना का काल वही मानना उचित है, जो सम्राट् चन्द्रगुप्त का काल है। पुरातत्त्ववेत्ता विद्वानों ने यह काल 321 ई. पू. से 296 ई. पू. तक निश्चित किया है। कई अन्य विद्वान् सम्राट् सेण्ड्राकोटस (जो यूनानी इतिहास में सम्राट् चन्द्रगुप्त का पर्यायवाची है) के आधार पर निश्चित की हुई इस तिथि को स्वीकार नहीं करते।

इस 'अर्थशास्त्र' का विषय क्या है? जैसे ऊपर कहा गया है—इसका मुख्य विषय शासन-विधि अथवा शासन-विज्ञान है : ''कौटिल्येन नरेन्द्रार्थे शासनस्य विधिः कृतः।'' इन शब्दों से स्पष्ट है कि आचार्य ने इसकी रचना राजनीति-शास्त्र तथा विशेषतया शासन-प्रबन्ध की विधि के रूप में की। 'अर्थशास्त्र' की विषय-सूची को देखने से (जहाँ अमात्योत्पत्ति, मन्त्राधिकार, दूत-प्रणिधि, अध्यक्ष-नियुक्ति, दण्डकर्म, षाड्गुण्यसमुद्देश्य, राजराज्ययोः व्यसन-चिन्ता, बलोपादान-काल, स्कन्धावार-निवेश, कूट-युद्ध, मन्त्र-युद्ध इत्यादि विषयों का उल्लेख है) यह सर्वथा प्रमाणित हो जाता है कि इसे आजकल कहे जाने वाले अर्थशास्त्र (इकोनोमिक्स) की पुस्तक कहना भूल है। प्रथम अधिकरण के प्रारम्भ में ही स्वयं आचार्य ने इसे 'दण्ड नीति' नाम से सूचित किया है। शुक्राचार्य ने 'दण्डनीति' को इतनी महत्त्वपूर्ण विद्या बतलाया है कि इसमें अन्य सब विद्याओं का अन्तर्भाव मान लिया है—क्योंकि 'शस्त्रेण रक्षिते देशे शास्त्रचिन्ता प्रवर्तते' की उक्ति के अनुसार शस्त्र (दण्ड) द्वारा सुशासित तथा सुरक्षित देश में ही वेद आदि अन्य शास्त्रों की चिन्ता या अनुशीलन हो सकता है। अतः दण्डनीति को अन्य सब विद्याओं की आधारभूत विद्या के रूप में स्वीकार करना आवश्यक है, और वही दण्डनीति अर्थशास्त्र है।

जिसे आजकल अर्थशास्त्र कहा जाता है, उसके लिए वार्ता शब्द का प्रयोग किया गया है, यद्यपि यह शब्द पूर्णतया अर्थशास्त्र का द्योतक नहीं। कौटिल्य ने वार्ता के तीन अंग कहे हैं—कृषि, वाणिज्य तथा पशु-पालन, जिनसे प्रायः वृत्ति या जीविका का उपार्जन किया जाता था। मनु, याज्ञवल्क्य आदि शास्त्रकारों ने भी इन तीन अंगों वाले वार्ताशास्त्र को स्वीकार किया है। पीछे शुक्राचार्य ने इस वार्ता में कुसीद (बैंकिंग) को भी वृत्ति के साधन-रूप में सम्मिलित कर दिया है। परन्तु अर्थशास्त्र को सभी शास्त्रकारों ने दण्डनीति, राजनीति अथवा शासनविज्ञान के रूप में ही वर्णित किया है। अतः 'कौटिल्य अर्थशास्त्र' को राजनीति की पुस्तक

समझना ही ठीक होगा न कि सम्पत्तिशास्त्र की पुस्तक। वैसे इसमें कहीं-कहीं सम्पत्तिशास्त्र के धनोत्पादन, धनोपभोग तथा धन-विनिमय, धन-विभाजन आदि विषयों की भी प्रासंगिक चर्चा की गई है।

'कौटिल्य अर्थशास्त्र' के प्रथम अधिकरण का प्रारम्भिक वचन इस सम्बन्ध में अधिक प्रकाश डालने वाला है :

''पृथिव्या लाभे पालने च यावन्त्यर्थशास्त्राणि पूर्वाचार्यैः प्रस्तावितानि, प्रायशः तानि संहृत्य एकमिदमर्थशास्त्रं कृतम्।''

अर्थात्– प्राचीन आचार्यों ने पृथ्वी जीतने और पालन के उपाय बतलाने वाले जितने अर्थशास्त्र लिखे हैं, प्रायः उन सबका सार लेकर इस एक अर्थशास्त्र का निर्माण किया गया है।

यह उद्धरण अर्थशास्त्र के विषय को जहाँ स्पष्ट करता है, वहाँ इस सत्य को भी प्रकाशित करता है कि 'कौटिल्य अर्थशास्त्र' से पूर्व अनेक आचार्यों ने अर्थशास्त्र की रचनाएँ कीं, जिनका उद्देश्य पृथ्वी-विजय तथा उसके पालन के उपायों का प्रतिपादन करना था। उन आचार्यों तथा उनके सम्प्रदायों के कुछ नामों का निर्देशन 'कौटिल्य अर्थशास्त्र' में किया गया है, यद्यपि उनकी कृतियाँ आज उपलब्ध भी नहीं होतीं। ये नाम निम्नलिखित हैं :

(1) मानव–मनु के अनुयायी, (2) बार्हस्पत्य–बृहस्पति के अनुगामी, (3) औशनस–उशना अथवा शुक्राचार्य के मतानुयायी, (4) भारद्वाज (द्रोणाचार्य), (5) विशालाक्ष, (6) पराशर, (7) पिशुन (नारद), (8) कौणपदन्त (भीष्म), (9) वाताव्याधि (उद्धव), (10) बाहुदन्ती-पुत्र (इन्द्र)।

अर्थशास्त्र के इन दस सम्प्रदायों के आचार्यों में प्रायः सभी के सम्बन्ध में कुछ-न-कुछ ज्ञात है, परन्तु विशालाक्ष के बारे में बहुत कम परिचय प्राप्त होता है। इन नामों से यह तो अत्यन्त स्पष्ट है कि अर्थशास्त्र या नीतिशास्त्र के प्रति अनेक महान् विचारकों तथा दार्शनिकों का ध्यान गया और इस विषय पर एक उज्ज्वल साहित्य का निर्माण हुआ। आज वह साहित्य लुप्त हो चुका है। अनेक विदेशी आक्रमणों तथा राज्यक्रान्तियों के कारण इस साहित्य का नाम-मात्र शेष रह गया है, परन्तु जितना भी साहित्य अवशिष्ट है वह एक विस्तृत अर्थशास्त्रीय परम्परा का संकेत करता है।

'कौटिल्य अर्थशास्त्र' में इन पूर्वाचार्यों के विभिन्न मतों का स्थान-स्थान पर संग्रह किया गया है और उनके शासन-सम्बन्धी सिद्धान्तों का विश्लेषणात्मक विवेचन किया गया है।

इस अर्थशास्त्र में एक ऐसी शासन-पद्धति का विधान किया गया है जिसमें राजा या शासक प्रजा का कल्याण-सम्पादन करने के लिए शासन करता है। राजा स्वेच्छाचारी होकर शासन नहीं कर सकता। उसे मन्त्रिपरिषद् की सहायता प्राप्त करके ही प्रजा पर शासन करना होता है। राज्य-पुरोहित राजा पर अंकुश के समान है, जो धर्म-मार्ग से च्युत होने पर राजा का नियन्त्रण कर सकता है और उसे कर्तव्य-पालन के लिए विवश कर सकता है।

सर्वलोकहितकारी राष्ट्र का जो स्वरूप कौटिल्य को अभिप्रेत है, वह 'अर्थशास्त्र' के निम्नलिखित वचन से अत्यन्त स्पष्ट है–

प्रजा सुखे सुखं राज्ञः प्रजानां च हिते हितम्।
नात्मप्रियं प्रियं राज्ञः प्रजानां तु प्रियं प्रियम्॥ 1/19॥

अर्थात्– प्रजा के सुख में राजा का सुख है, प्रजा के हित में उसका हित है। राजा का अपना प्रिय (स्वार्थ) कुछ नहीं है, प्रजा का प्रिय ही उसका प्रिय है।

यह सत्य है कि कौटिल्य ने राष्ट्र की रक्षा के लिए गुप्त प्रणिधियों के एक विशाल संगठन का वर्णन किया है। शत्रुनाश के लिए विषकन्या, गणिका, औपनिषदिक प्रयोग, अभिचार मंत्र आदि अनैतिक एवं अनुचित उपायों का विधान है और इस उद्देश्य की प्राप्ति के लिए महान् धन-व्यय तथा धन-क्षय को भी (सुमहताऽपि क्षयव्ययेन शत्रुविनाशोऽभ्युपगन्तव्यः) राष्ट्र-नीति के अनुकूल घोषित किया है।

'कौटिल्य अर्थशास्त्र' में ऐसी चर्चाओं को देखकर ही 'मुद्राराक्षसकार कवि विशाखदत्त' ने चाणक्य को कुटिलमति (कौटिल्यः कुटिलमतिः) कहा है और बाणभट्ट ने 'कौटिल्य अर्थशास्त्र' को 'निर्गुण' तथा 'अतिनृशंसप्रायोपदेशम्' (निर्दयता तथा नृशंसता का उपदेश देने वाला) कहकर निन्दित बतलाया है। 'मञ्जुश्री मूलकल्प' नाम की एक नवीन उपलब्ध ऐतिहासिक कृति में कौटिल्य को 'दुर्मति', 'क्रोधन' और 'पापक' पुकारकर गर्हा का पात्र प्रदर्शित किया गया है।

प्राच्यविद्या के विशेषज्ञ अनेक आधुनिक पाश्चात्य विद्वानों ने भी उपर्युक्त अनैतिक व्यवस्थाओं को देखकर कौटिल्य की तुलना यूरोप के प्रसिद्ध लेखक और राजनीतिज्ञ मेकियावली से की है, जिसने अपनी पुस्तक 'दि प्रिन्स' में राजा को लक्ष्य-प्राप्ति के लिए उचित-अनुचित सभी साधनों का आश्रय लेने का उपदेश

दिया है। विण्टरनिट्ज़ आदि पाश्चात्य विद्वान् कौटिल्य तथा मैकियावली में निम्नलिखित समानताएँ प्रदर्शित करते हैं :

(क) मेकियावली और कौटिल्य दोनों राष्ट्र को ही सब कुछ समझते हैं। वे राष्ट्र को अपने में ही उद्देश्य मानते हैं।

(ख) कौटिल्य-नीति का मुख्य आधार है, 'आत्मोदयः परग्लानिः', अर्थात् दूसरों की हानि पर अपना अभ्युदय करना। मेकियावली ने भी दूसरे देशों की हानि पर अपने देश की अभिवृद्धि करने का पक्ष-पोषण किया है। दोनों एक समान स्वीकार करते हैं कि इस प्रयोजन की सिद्धि के लिए कितने भी धन तथा जन के व्यय से शत्रु का विनाश अवश्य करना चाहिए।

(ग) अपने उद्देश्य की सिद्धि के लिए किसी भी साधन, नैतिक या अनैतिक, का आश्रय लेना अनुचित नहीं है। मेकियावली और कौटिल्य दोनों का मत है कि साध्य को सिद्ध करना ही राजा का एकमात्र लक्ष्य होना चाहिए। साधनों के औचित्य या अनौचित्य की उसे चिन्ता नहीं करनी चाहिए।

(घ) दोनों युद्ध को राष्ट्र-नीति का आवश्यक अंग मानते हैं। दोनों की सम्मति में प्रत्येक राष्ट्र को युद्ध के लिए उद्यत रहना चाहिए, क्योंकि इसी के द्वारा देश की सीमा तथा प्रभाव का विस्तार हो सकता है।

(च) अपनी प्रजा में आतंक स्थापित करके दृढ़ता तथा निर्दयता से उस पर शासन करना दोनों एक समान प्रतिपादित करते हैं। दोनों एक विशाल सुसंगठित गुप्तचर विभाग की स्थापना का समर्थन करते हैं, जो प्रजा के प्रत्येक पार्श्व में प्रवेश करके राजा के प्रति उसकी भक्ति की परीक्षा करे और शत्रु से सहानुभूति रखने वाले लोगों को गुप्त उपायों से नष्ट करने का यत्न करे।

हमारी सम्मति में कौटिल्य तथा मेकियावली में ऐसी सदृशता दिखाना युक्तिसंगत नहीं। निस्सन्देह कौटिल्य भी मेकियावली के समान यथार्थवादी था और केवल आदर्शवाद का अनुयायी न था। परन्तु यह कहना कि कौटिल्य ने धर्म या नैतिकता को सर्वथा तिलाञ्जलि दे दी थी, सत्यता के विपरीत होगा। कौटिल्य ने 'अर्थशास्त्र' के प्रथम अधिकरण में ही स्थापना की है :

तस्मात् स्वधर्मं भूतानां राजा न व्यभिचारयेत्।
स्वधर्मं सन्दधानो हि, प्रेत्य चेह च नन्दति॥ (1/3)

अर्थात्– राजा प्रजा को अपने धर्म से च्युत न होने दे। राजा भी अपने धर्म का आचरण करे। जो राजा अपने धर्म का इस भांति आचरण करता है, वह इस लोक और परलोक में सुखी रहता है।

इसी प्रथम अधिकरण में ही राजा द्वारा अमर्यादाओं को व्यवस्थित करने पर भी बल दिया गया हैं और वर्ण तथा आश्रम-व्यवस्था को सुदृढ़ करने के लिए आदेश दिया गया है। यहाँ पर त्रयी तथा वैदिक अनुष्ठान को प्रजा के संरक्षण का मूल आधार बतलाया गया है। कौटिल्य ने स्थान-स्थान पर राजा को वृद्धों की संगत करने वाला, विद्या से विनम्र, जितेन्द्रिय और काम-क्रोध आदि शत्रु-षड्वर्ग का दमन करने वाला कहा है। ऐसा राजा अधार्मिक अथवा अत्याचारी बनकर किस प्रकार प्रजा-पीड़न कर सकता है? इसके विपरीत राजा को प्रजा के लिए पितृ-तुल्य कहा गया है, जो अपनी प्रजा का पालन-पोषण, संवर्धन, संरक्षण, भरण, शिक्षण इत्यादि वैसा ही करता है जैसा वह अपनी सन्तान का करता है।

यह ठीक है कि कौटिल्य ने शत्रुनाश के लिए अनैतिक उपायों के करने का भी उपदेश दिया है। परन्तु इस सम्बन्ध में अर्थशास्त्र के निम्न वचन को नहीं भूलना चाहिए :

एवं दूष्येषु अधार्मिकेषु वर्तेत, न इतरेषु। (5/2)

अर्थात्– इन कूटनीति के उपायों का व्यवहार केवल अधार्मिक एवं दुष्ट लोगों के साथ ही करे, धार्मिक लोगों के साथ नहीं। (धर्मयुद्ध में भी अधार्मिक व्यवहार सर्वथा वर्जित था। केवल कूट-युद्ध में अधार्मिक शत्रु को नष्ट करने के लिए इसका प्रयोग किया जा सकता था।)

मेकियावली तो सज्जन-दुर्जन, धार्मिक-अधार्मिक का कोई विवेक नहीं करता। वह सबके साथ कूटनीति का प्रयोग करके अपने राजा को ऐश्वर्यशाली और शक्तिसम्पन्न बनाने का उपदेश देता है।

इस सम्बन्ध में सुप्रसिद्ध पुरातत्त्ववेत्ता डॉ. कालिदास नाग के निम्नलिखित विचार भी मनन योग्य हैं। इनसे 'कौटिल्य अर्थशास्त्र' की वस्तुस्थिति तथा आचार्य कौटिल्य का यथार्थ स्वरूप अवगत होता है :

''हिन्दू मेकियावली कहा जाने वाला कौटिल्य विचारों में स्वतन्त्र होता हुआ भी अनैतिकता का उपदेश नहीं देता। जब युद्ध तथा शान्ति के लाभ समान दृष्टिगोचर होते हैं, आचार्य चाणक्य का मत है कि शान्ति का वरण करना चाहिए,

क्योंकि युद्ध में क्षय, व्यय, पाप एवं सर्वनाश ही होता है। सभी धर्माचार्यों का यही मत है कि साम, दाम, भेद उपायों के निष्फल हो जाने के बाद ही दण्ड का अन्तिम उपाय के रूप में आश्रय लेना चाहिए। और जब युद्ध करना ही पड़े तो उसकी समाप्ति पर शीघ्र सन्धि की स्थापना कर देनी चाहिए।''

विशाखदत्त तथा मञ्जुश्री मूलकल्प के कर्ता का कौटिल्य को 'कुटिलमति' या 'दुर्मति' कहने का इतना ही अभिप्राय है कि वे उसे कूटनीति का पण्डित समझते थे। उसके अर्थशास्त्र को 'निर्घृण' या 'नृशंस-प्रायोपदेश' कहने का यही तात्पर्य है कि कौटिल्य कूट युद्ध में अधार्मिक शत्रु का अधार्मिक प्रयोगों द्वारा नाश करना नीतिशास्त्र के अनुकूल स्वीकार करता था। वेद में भी मायावी शत्रु के साथ माया युद्ध करने का समर्थन किया गया है (ऋग्वेद 1/2/1)। महाभारत (2/69) तथा शुक्रनीति (5/10) ने भी पापाचारी शत्रु के पाप, प्रवञ्चना तथा पाशविकता के उत्तर में कूट युद्ध की प्रशंसा की है। उनका कथन है कि यदि ''शत्रु शठता का प्रयोग करे, तो उसका उत्तर शठता में देना उचित है। यदि वह धर्मपूर्वक आचरण करे तो उससे धर्मयुद्ध ही करना चाहिए।''

अतः कौटिल्य को भारत का मेकियावली बतलाना हमारी सम्मति में उनके साथ अन्याय करना होगा। पाश्चात्य विद्वानों का उसके प्रति ऐसा विचार रखना हिन्दू संस्कृति की उदात्तता को कम करने का यत्नमात्र है। आचार्य चाणक्य निःस्वार्थ, त्याग-भावना से ओत-प्रोत एवं विद्वत्ता से समादृत भारत की ब्राह्मणत्व परम्परा का समुज्ज्वल प्रतीक था, जिसने बिखरे हुए भारतीय जीवन-तत्त्वों को सर्वप्रथम अपनी प्रखर बुद्धि द्वारा एकराष्ट्रीयता के मांगलिक सूत्र में ग्रथित किया और एक महान् राष्ट्र की स्थापना की। उस विशाल मौर्य साम्राज्य का संस्थापक तथा प्रधानामात्य होता हुआ भी वह कितना निरीह एवं निर्मोह था, इसका सुन्दर चित्रण विशाखदत्त ने ही इस अमर वाणी में किया है :

उपलशकलमेतद् भेदकं गोमयानां
वटुभिरुपहृतानां बर्हिषां स्तोम एषः।
शरणमपि समिद्भिः शुष्यमाणाभिराभिः
उपनतपटलानां दृश्यते जीर्णकुड्यम् ॥

अर्थात्– यह देखो, आचार्य चाणक्य की कुटिया है, जहाँ एक तरफ गोबर के उपलों को तोड़ने वाला पत्थर का टुकड़ा पड़ा है, दूसरी तरफ विद्यार्थियों द्वारा लाई गई कुशा का ढेर रखा हुआ है। इस कुटिया की भित्तियाँ

जीर्ण हो रही हैं और छत यज्ञ के लिए सुखाई जाती हुई समिधाओं के बोझ से झुकी हुई दिखाई देती है।

भारत की इस सात्त्विक ब्राह्मणत्व परम्परा के प्रतीक कौटिल्य को भौतिकतावादी एवं अनैतिकता के प्रचारक मेकियावली का समकक्ष कहना अपनी अनभिज्ञता को ही प्रकट करना है। कौटिल्य महाब्राह्मण, महापण्डित, महान् नीतिशास्त्रवेत्ता और भारत का महान् नेता था। उसी की अनुपम कृति 'अर्थशास्त्र' का यह संक्षिप्त हिन्दी रूपांतर हिन्दी जगत् की सेवा में प्रस्तुत है।

नई दिल्ली   —इन्द्र

सूची

॥ कौटिल्य अर्थशास्त्र ॥

|| श्रीगणेश प्रसीद ||

प्रथम अधिकरण

राज्य में अनुशासन की स्थापना

1. चार विद्याएँ तथा उनके उद्देश्य

**विद्याविनीतो राजा हि प्रजानां विनये रतः।
अनन्यां पृथ्वीं भुङ्क्ते सर्वभूतहिते रतः॥**

विद्या द्वारा विनय को धारण करने वाला राजा ही प्रजाओं में विनय अथवा अनुशासन की स्थापना कर सकता है। वह सर्व-लोक-हित में तत्पर रहता हुआ, शत्रुरहित होकर, पृथ्वी का भोग करता है।

विद्याएँ चार हैं—आन्वीक्षिकी (सूक्ष्म तत्त्वों का अन्वीक्षण कराने वाली, दर्शन-विद्या), त्रयी (वेद-विद्या), वार्त्ता (वृत्ति अथवा जीविका को सिखाने वाली, अर्थ-विद्या) तथा दण्डनीति (राज्य में दंड-व्यवस्था रखने वाली, शासन-विद्या)।

मनु के मत को मानने वालों का कथन है कि विद्याएँ तीन है—त्रयी, वार्त्ता तथा दण्डनीति। आन्वीक्षिकी तो त्रयी के अन्तर्गत है। बृहस्पति आचार्य के मतानुयायियों की धारणा है कि विद्याएं दो ही हैं—वार्त्ता और दण्डनीति। त्रयी तो लोकयात्रा में चतुर व्यक्तियों के हाथ में आडम्बरमात्र है। शुक्राचार्य के अनुगामियों का मत है कि विद्या तो केवल एक ही है—दण्डनीति। इसी में अन्य सब विद्याओं का अन्तर्भाव हो जाता है। राज्य-व्यवस्था के शांतिपूर्वक चलने पर ही सारी विद्याओं के व्यवहार की सिद्धि होती है, अतः दण्डनीति ही एकमात्र विद्या है।

आचार्य चाणक्य की स्थापना है कि विद्याएँ तो चार ही हैं। इन्हीं चारों से धर्म, अधर्म एवम् अर्थ, अनर्थ का ज्ञान हो सकता है। इन्हीं से अभ्युदय तथा निःश्रेयस् का बोध होता है। इन्हें जाने बिना इहलोक और परलोक में उन्नति नहीं की जा सकती।

सांख्य, योग तथा न्याय, दर्शन आन्वीक्षिकी के मुख्य अंग हैं। त्रयी में धर्म तथा अधर्म की व्यवस्था है। वार्त्ता में धन तथा धनागम के साधनों की चर्चा है। दण्डनीति में राजनीति तथा दुनीति का वर्णन है। इनमें आन्वीक्षिकी सब विद्याओं की दीपक, सब कार्यों की साधक और सब धर्मों की सर्वदा आश्रयभूत मानी जाती है। यह तर्कशक्ति, वाक्‌चातुरी, बुद्धिमत्ता एवं क्रिया-कुशलता को उत्पन्न करती है और इस तरह संसार का उपकार करने वाली है।

साम, ऋक् और यजुर्वेद—इन तीन वेदों को त्रयी-विद्या कहते हैं। अथर्ववेद तथा इतिहासवेद की भी वेद संज्ञा है। शिक्षा, कल्प, व्याकरण, निरुक्त, छन्दशास्त्र और ज्योतिष—ये वेद के छः अंग हैं।

वेद चारों वर्णों तथा आश्रमों के धर्म का प्रतिपादन करते हैं। ब्राह्मण का अपना धर्म अध्ययन, अध्यापन, यजन, याजन, दान देना और लेना है। क्षत्रिय का धर्म अध्ययन; यजन, दान, शस्त्र से जीविका करना तथा प्रजा की रक्षा करना है। वैश्य का धर्म अध्ययन, यजन, दान, कृषि, पशुपालन तथा वाणिज्य है। शूद्र का धर्म द्विजाति-सेवा, कृषि, पशुपालन, शिल्प तथा नटभाट का कार्य है।

गृहस्थ का कार्य अपने धर्म के अनुसार जीविकोपार्जन करना, तुल्य तथा भिन्न गोत्र वाली स्त्री के साथ विवाह-सम्बन्ध स्थापित करना, ऋतु-गामी होना और देव, पितर, अतिथि तथा भृत्यों को देकर पीछे स्वयं भोजन करना है।

ब्रह्मचारी का कर्तव्य स्वाध्याय, अग्निहोत्र, स्नान, भिक्षावृत्ति तथा गुरु की आजीवन सेवा करना है। वानप्रस्थ का कर्तव्य ब्रह्मचर्यपूर्वक रहना, भूमि पर सोना, जटा और मृगचर्म का धारण करना, अग्निहोत्र, स्नान, देव, पितर, अतिथि की पूजा तथा वन के आहार का ग्रहण करना है।

इंद्रियों को जीतना, किसी कर्म के फल में आसक्ति न रखना, अकिंचन होकर रहना, स्त्रीसंग का त्याग, भिक्षावृत्ति, अनेक स्थानों या वन में निवास और शरीर तथा मन को शुद्ध रखना—ये संन्यासी के कर्तव्य हैं।

अहिंसा, सत्य, शौच, क्षमा तथा ईर्ष्या एवं निर्दयता का परित्याग—ये सब आश्रमों के समान धर्म हैं। अपने-अपने धर्म के पालन से स्वर्ग तथा मोक्ष की सिद्धि होती है। जब सब वर्ण तथा आश्रम अपने-अपने धर्म का पालन नहीं करते, तब संसार में वर्णसंकर तथा अव्यवस्था उत्पन्न हो जाती है और जगत् विनाश की तरफ अग्रसर होता है।

अतः राजा सब प्राणियों को स्वधर्म में प्रेरित करे, वर्ण तथा आश्रम की स्थापना करे और आर्य-मर्यादाओं को नष्ट न होने दे। इन वैदिक मर्यादाओं से सुरक्षित हुआ जगत् सदा सुखी रहता है, कभी दुःखी नहीं हो सकता।

कृषि, पशुपालन और व्यापार—ये वार्त्ता कहाते हैं। धान्य, पशु, सुवर्ण, ताम्रादि धातु एवं सेवकों की प्राप्ति कराने के कारण, यह वार्त्ता संसार का बड़ा उपकार करने वाली है। इसी वार्त्ता की सहायता से राजा अपने कोश को भरता है और शत्रुओं को दण्ड द्वारा वश में रखने में समर्थ होता है।

दण्ड-व्यवस्था से ही आन्वीक्षिकी, त्रयी एवं वार्त्ता विद्याओं की समृद्धि होती है। इस दण्ड-व्यवस्था की नीति को ही दण्डनीति कहते हैं। यह दण्डनीति ही अप्राप्त धन को प्राप्त करने वाली, प्राप्त धन की रक्षा करने वाली और रक्षित धन की वृद्धि करने वाली है। इसी दण्डनीति पर समस्त संसार-यात्रा आश्रित है। अतः जो राजा अपनी उत्तम लोक-यात्रा चलाना चाहता है, वह कभी दण्ड-नीति को शिथिल न करे। आचार्यों का मत है कि लोक में ऐसी कोई अन्य वस्तु प्राणियों को वश में करने वाली नहीं, जैसी दण्डनीति।

चाणक्य का मत इससे विरुद्ध है। उनका कथन है कि तीक्ष्ण दण्ड देने वाला राजा प्रजाओं में अप्रिय हो जाता है। जो राजा नर्म दण्ड देता है वह प्रजाओं से दबा लिया जाता है। अतः राजा के लिए उचित है कि वह यथायोग्य दण्ड का प्रयोग करे। यदि सोच-समझकर दण्ड का प्रयोग किया जाए तो वह प्रजा को धर्म, अर्थ और काम की सिद्धि प्रदान करता है। राग, द्वेष अथवा अज्ञान से प्रयोग किया हुआ दण्ड विरक्त व्यक्तियों को भी कुपित कर देता है, फिर गृहस्थियों का तो क्या कहना। यदि दण्ड का यथायोग्य प्रयोग न किया जाए, तो जैसे बड़ी मछली छोटी मछली को खा जाती है, उसी तरह बलवान मनुष्य निर्बल को खा जाते हैं।

अतः राजा यथायोग्य दण्ड का व्यवहार करे और चारों वर्णों तथा आश्रमों को अपने-अपने धर्म-पालन पर व्यवस्थित रखे। ऐसा करने से सब लोग स्वधर्म तथा स्वकर्म का अनुष्ठान करते हुए अपने-अपने मार्ग पर प्रवृत्त रहते हैं। और इस तरह राज्य में अनुशासन की स्थापना होती है।

2. वृद्धों की संगति तथा जितेन्द्रियता

अवशेन्द्रियश्चातुरन्तोऽपि राजा सद्यो विनश्यति।

इन्द्रियों को वश में न रखने वाला, चक्रवर्ती राजा भी शीघ्र ही सर्वनाश को प्राप्त हो जाता है।

जब बालक का मुण्डन-संस्कार हो चुके, तब उसे अक्षराभ्यास और गिनती सिखानी चाहिए। इसके अनन्तर वह यज्ञोपवीत-संस्कार कराए और फिर वेदविद्या

तथा आन्वीक्षिकी विद्या को उच्चकोटि के विद्वानों से, वार्त्ता (कृषि आदि) को उनके अध्यक्ष राजकर्मचारियों से तथा दण्डनीति को उसके वक्ता तथा प्रयोक्ता राजनीति-विशारदों से सीखे।

कम-से-कम सोलह वर्ष तक विद्यार्थी ब्रह्मचर्य का पालन करे। फिर समावर्तन और केशान्त संस्कार कराके विवाह करे। इसके अनन्तर मनुष्य नित्य विद्या में वृद्ध पुरुषों की संगति करे, क्योंकि किसी विद्या की प्राप्ति में उसके अनुभवी विद्वानों का सहवास बहुत ही उपयोगी है।

राजकुमार विद्यार्थी दिन के पूर्व भाग में हाथी, घोड़ा, रथ और शस्त्र चलाने की विद्या का अभ्यास करे। दिन के पिछले भाग को इतिहास, पुराण, आख्यायिका, धर्मशास्त्र तथा अर्थशास्त्र आदि के श्रवण में व्यतीत करे।

यदि फिर भी दिन का भाग सायंकाल में बचा रहे और सोने से पूर्व रात का भाग शेष रहे, तो वह उस समय में नवीन विषय की शिक्षा ग्रहण करे और सीखे हुए का पुनः अभ्यास करे। जिस पदार्थ को विद्यार्थी समझ न सका हो, उसे बार-बार समझने की चेष्टा करे। बार-बार सुनने से तद्विषयक ज्ञान हो जाता है। ज्ञान से कर्म करने में कुशलता उत्पन्न होती है, और कर्म की कुशलता से कार्य करने की शक्ति का अपने में विश्वास होता है। यही विद्या की शक्ति मानी गई है।

इन्द्रियों को जीतना ही विद्या और विनय का हेतु होता है। काम, क्रोध, लोभ, मान, मद और हर्ष आदि वृत्तियों का त्याग करने से ही जितेन्द्रियता की सिद्धि होती है।

शास्त्रानुसार कर्मों के अनुष्ठान से भी इन्द्रियों की विजय होती है। सारे शास्त्र इन्द्रिय-विजय का ही उपदेश देते हैं। इसके विरुद्ध आचरण करने वाला अर्थात् इन्द्रियों को वश में न रखने वाला राजा, चक्रवर्ती भी, शीघ्र ही सर्वनाश को प्राप्त हो जाता है।

भोजवंश का राजा दाण्डक्य काम के वश में होकर ब्राह्मण कन्या से बलात्कार करता था और शीघ्र बन्धु-बान्धवों सहित विनाश को प्राप्त हुआ। विदेह देश के अधिपति कराल नामक राजा की भी यही दशा हुई। राजा जनमेजय ने ब्राह्मणों पर और तालजंघ ने भृगुवंशियों पर क्रोध किया, जिसके कारण उनका शीघ्र नाश हो गया।

इला के पुत्र पुरुरवा ने और सुवीर राष्ट्र के राजा अजबिन्दु ने लोभ के वशीभूत होकर चारों वर्णों से धन छीनना शुरू किया, इसलिए दोनों ही शीघ्र नष्ट हो गए। अभिमान में चूर रावण ने राम की भार्या सीता को नहीं लौटाया और राजा दुर्योधन ने पाण्डवों को उनके राज्य का अंश प्रदान नहीं किया, अतः दोनों का शीघ्र विनाश हुआ।

मद से राजा उभ्भोद्भव मारा गया। उसने मद में चूर होकर प्रजा का तिरस्कार किया। हैहयवंशोद्भव सहस्रबाहु या कार्तवीर्यार्जुन ने भी मदोन्मत्त होकर जमदग्नि का अपमान किया, जिसके कारण उसकी परशुराम के हाथ से मृत्यु हुई। वातापि असुर ने हर्षोद्रेक से अगस्त्य ऋषि के साथ और यादवों ने वेद-व्यास के साथ छल या उपहास किया, जिससे शीघ्र ही उनका नाश हो गया।

उपर्युक्त राजा तथा अन्य बहुत-से राजा लोग, अजितेन्द्रिय होकर काम-क्रोध आदि छः शत्रुओं के पंजे में फँस गए और बन्धु-बान्धवों सहित नष्ट हो गए।

इन कामादि षड्वर्ग से बचकर जितेन्द्रिय जमदग्नि-पुत्र परशुराम, नाभाग और अम्बरीष ने चिरकाल तक पृथ्वी का उपभोग किया।

अतः राजा को कामादि षड्वर्ग का परित्याग करके इन्द्रियों पर विजय प्राप्त करनी चाहिए। वृद्धों की संगति से उसे बुद्धि प्राप्त करनी चाहिए और जितेन्द्रिय होकर परायी स्त्री, परधन और व्यर्थ हिंसा से बचना चाहिए। अधिक शयन, लालच, मिथ्या व्यवहार, उद्धतवेश तथा अनर्थ के अन्य कार्यों का राजा को परित्याग करना चाहिए। राजा को अधर्मपूर्ण और अनर्थ उत्पन्न करने वाले व्यवहार के पास भी फटकना नहीं चाहिए।

राजा धर्म और नीति के अनुसार ही काम का सेवन करे। उसका सर्वथा सुखहीन होकर रहना भी उचित नहीं। धर्म, अर्थ, काम यह त्रिवर्ग एक समान सेवन किया हुआ सुख का हेतु होता है, किसी एक का अति सेवन दुःख का कारण होता है। अतः राजा जितेन्द्रिय होकर, विवेकपूर्वक समान रूप से ही धर्म, अर्थ, काम तीनों का सेवन करे।

3. अमात्यों की नियुक्ति, योग्यता तथा उनके कर्तव्य

सहायसाध्यं राजत्वं, चक्रमेकं न वर्तते।
कुर्वीत सचिवांस्तस्मात् तेषां च श्रणुयान्मतम्॥

राज्य-कार्य बिना सहायता के नहीं हो सकता। अकेला चक्र नहीं चल सकता। अतः राजा अपने सहायक मन्त्रियों को नियुक्त करे और उनकी सलाह लेकर सब राज्य-कार्य करे।

भारद्वाज मुनि का मत है कि राजा अपने साथ पढ़ने वालों में से अमात्य नियुक्त करे, क्योंकि वह उन्हें अध्ययन-काल में अच्छी तरह देख चुका होता है और उनकी शुद्धता तथा सामर्थ्य से परिचित हो चुका होता है। ऐसे अमात्य राजा के विश्वासपात्र होते हैं।

विशालाक्ष विद्वान् इस मत को ठीक नहीं मानता। उसका कथन है कि साथी मित्र लोग राजा के साथ बचपन में खेले हुए होने के कारण, उसकी अवहेलना करते हैं। अतः राजा उन्हें मन्त्री नियुक्त करे, जिनके गुप्त रहस्यों को वह जानता हो और जिनके साथ उसके स्वभाव तथा व्यसनों की सदृशता हो। ऐसे लोग राजा का विश्वासघात नहीं करते, क्योंकि उन्हें भय होता है कि राजा उनके मर्मों को जानता है और कभी भी उनका प्रकाश कर सकता है।

पराशर मुनि का मत है कि विशालाक्ष की यह युक्ति ठीक नहीं, क्योंकि राजा भी अपने इन अमात्यों के मर्मज्ञ होने से भयभीत रहेगा, इससे अमात्य लोग जो कुछ कहेंगे, राजा को उसका अनुसरण करना पड़ेगा। शास्त्रों में कहा है—''राजा जितना गुप्त रहस्य अपने अमात्य आदि पुरुषों से कह देता है उतना उन रहस्यों के कारण, वह अपने अमात्यादि के अधीन हो जाता है।'' इस कारण पराशर का मत है कि जिन्होंने राजा की प्राणसंकट के समय अथवा अन्य विपत्ति में सहायता की हो, उन्हीं को अमात्य बनाना उचित है, क्योंकि उनकी भक्ति की परीक्षा हो चुकी होती है।

पिशुनाचार्य इस मत से सहमत नहीं। उनका कथन है कि स्वामिभक्ति का गुण साधारण बुद्धि के लोगों में भी हो सकता है। यह अमात्य के उत्तरदायी पद के लिए पर्याप्त नहीं है। अमात्य पद के लिए बुद्धि-सम्पन्न होना अत्यन्त आवश्यक है। ऐसे ही अमात्य यथानिर्दिष्ट कार्य को पूर्ण कर सकते हैं और उसे कुछ बढ़ाकर भी पूरा कर सकते हैं। अतः उन्हीं को अमात्य नियुक्त करना उचित होगा, जिनकी बुद्धिमत्ता प्रमाणित हो चुकी हो।

कौणपदन्त पिशुनाचार्य के इस पक्ष को भी नहीं मानते। उनका मत है कि ऐसे अमात्य अन्य गुणों से रहित होने के कारण सुयोग्य नहीं हो सकते। अतः पिता-पितामह अनुक्रम से आने वाले पुरुषों को अमात्य बनाना उचित है, क्योंकि उन्होंने परम्परागत अनुभव का संग्रह किया होता है। ऐसे कुलक्रमागत अमात्य अपने राजा को दूषित कर्म करने पर भी नहीं छोड़ते, क्योंकि उनका परस्पर सम्बन्ध स्थिर हो चुका होता है। मनुष्यों के अतिरिक्त पशुओं में भी अपने सहचर परिचितों के साथ ऐसा व्यवहार देखा जाता है। गौएँ—अपने साथ में न रहने वाले गौ-समूह को छोड़कर अपने साथी गौ-समूह में ही रहना पसन्द करती हैं।

आचार्य वातव्याधि इस पक्ष से भी सहमत नहीं। उनका कथन है कि ऐसे कुलक्रमागत अमात्य राजा के सब कुछ पर अधिकार करके उसके स्वामी बन बैठते हैं। अतः उन्हें नियुक्त करना उचित नहीं। राजा को नवीन, नीति को जानने वाले

अमात्य बनाने चाहिए। क्योंकि नवीन अमात्य दण्डधारी राजा से यमराज की तरह डरते हैं और जहाँ तक उनसे बनता है, वे अपराध नहीं करते।

बाहुदन्ती-पुत्र नामक आचार्य इस मत का भी खण्डन करते हैं। उनका मन्तव्य है कि नीतिशास्त्र को जाननेवाले अमात्य भी व्यावहारिक अनुभव से रहित होने के कारण, राज्य-कार्य में भारी भूलें कर सकते हैं। अतः ऐसे व्यक्तियों को ही अमात्य नियुक्त करना उचित होगा, जो कुलीन, बुद्धिमान, शुद्धहृदय, शूरवीर तथा स्वामिभक्त हों। इन गुणों की प्रधानता के कारण ऐसे गुणवान एवं योग्य अमात्यों को नियुक्त करना ही उचित है।

आचार्य कौटिल्य के मत में ये सारी बातें ठीक हैं। कार्य के उपस्थित होने पर देश-कालानुसार जैसा उचित हो, पुरुष को अधिकार देने चाहिए, क्योंकि अमात्य के बनाने में समयानुसार योग्यता की ही मुख्यता है। राजा अमात्योचित गुण, देश, काल और कार्योचित व्यवस्था देखकर, उपर्युक्त योग्यता-सम्पन्न किसी भी पुरुष को अमात्य (राज्य-प्रबन्धकारी) बना सकता है, परन्तु वह किसी को सहसा प्रधानमन्त्री (अन्तरंग अमात्य) नियुक्त न करे।

प्रधानमन्त्री में निम्नलिखित सब योग्यताओं का होना आवश्यक है। वह अपने देश तथा उत्तम कुल में उत्पन्न हो, प्रभावशाली हो और शिल्पविद्या में कुशल हो। वह दूरदर्शी, बुद्धिमान, स्मृति आदि गुणों से सम्पन्न, कार्य-कुशल, वक्ता, प्रौढ़, प्रतिभाशाली, उत्साहवान, प्रभुसत्ताधारी, क्लेशसहिष्णु, शुद्धहृदय एवं मित्रता तथा दृढ़ भक्ति से युक्त हो। वह सदाचार, बल, आरोग्य और मानसिक शक्ति से सम्पन्न हो। वह प्रगतिशील और स्थिर प्रकृति हो, सौम्यदर्शन हो। वह स्वयं वैर आरम्भ करने वाला न हो, अपितु शत्रु के वैर को भी शान्त करने वाला हो। आप्त पुरुषों द्वारा इन सब गुणों की परीक्षा करने के बाद ही राजा प्रधानमन्त्री की नियुक्ति करे।

राजा प्रधानमन्त्री के अतिरिक्त, एक राज-पुरोहित की भी नियुक्ति करे। वह भी उन्नत कुल में उत्पन्न हो, शील और आचार से सम्पन्न हो, वेद और व्याकरणादि छहों अंगों का ज्ञाता हो, दैवी आपत्ति और शकुनशास्त्र का वेत्ता हो, दण्डनीति में कुशल हो एवं दैवी तथा मानुषी विपत्तियों को अथर्ववेद के मन्त्रों द्वारा हटा देने के उपाय जानने वाला हो। आचार्य को शिष्य, पिता को पुत्र और स्वामी को सेवक जिस तरह जानता है, राजा भी इस पुरोहित को उसी प्रकार अपना पूज्य माने। वह राजवंश सदा विजयी रहता है जिसमें राज-पुरोहित एवं राज-मन्त्री की मन्त्रणा का आदर किया जाता है और तदनुसार ही आचरण किया जाता है।

नीति-कुशल राजा सब मन्त्रियों की एक मन्त्रि-परिषद् स्थापित करे। मनु

के मत मानने वालों का कथन है कि इसमें बारह अमात्य होने चाहिए। बृहस्पति के मतानुयायी सोलह और शुक्रचार्य के अनुगामी इस मन्त्रि-परिषद् में बीस सदस्य होना स्वीकार करते हैं।

इन्द्र की मन्त्रि-परिषद् में एक सहस्र सभासद बताए जाते हैं। ये ही इन्द्र की आँखें मानी गई हैं। यही कारण है कि इन्द्र की केवल दो आँखें होते हुए भी उसे सहस्राक्ष कहा गया है।

राजा कठिन समस्या आ पड़ने पर मन्त्री और मन्त्रि-परिषद् को बुलाए। उस समय जिस बात की अधिकांश व्यक्ति पुष्टि करें, उसी कार्य की सिद्धि करने वाले उपाय को राजा बरताव में लाए। मन्त्रियों का कर्तव्य है कि राजा को सदा उचित मन्त्रणा ही प्रदान करें।

मन्त्रणा का स्थान इतना सुरक्षित होना चाहिए कि उसमें से बातचीत कोई भी न सुन सके। पक्षी भी उस स्थान पर पंख न मार सके। सुना जाता है कि तोते और मैना ने कभी किसी राजा की मन्त्रणा को सुन लिया। वे इतने कुशल थे कि वे वैसा ही बोलने लग गए। जिससे राजा का मन्त्र फूट गया। कहीं पर कुत्तों की चेष्टाओं से मन्त्र का भेद हो गया और कहीं पर अन्य पशु-पक्षियों ने इसी तरह राजा की मन्त्रणा को खोल दिया।

राजा को चाहिए कि वह यह आज्ञा प्रचलित कर दे कि मन्त्र-स्थान पर कोई मनुष्य बिना पूछे न आ सके। जो राजा का मन्त्रभेद करे, उसको राजा देश-निकाला दे दे, या सूली पर चढ़ाकर छेद दे।

मन्त्र-कार्य में नियुक्त पुरुषों की असावधानी, उनका सोते-सोते बड़बड़ाना, कामतृप्ति (वेश्यागमन), अभिमान, तिरस्कार कर देना आदि बातें राजा के मन्त्र को खोल देती हैं। इन बातों को विचारकर मन्त्र-रक्षा का पूर्ण प्रयत्न करना चाहिए।

मन्त्र का फूट जाना मन्त्राधिकारी पुरुषों के कल्याण का घातक होता है। इन सब कारणों से राजा अत्यन्त गुप्त बातों का अकेला ही विचार करे, ऐसा भरद्वाज मुनि का मत है—क्योंकि मन्त्रियों के भी मन्त्री होते हैं, उनके भी अन्य मन्त्री होते हैं। यह मन्त्रियों की परम्परा ही मन्त्र को तोड़, फोड़ देती है।

विशालाक्ष आचार्य का मत है कि अकेले ही राजा के विचार करने से मन्त्रसिद्धि नहीं होती। मन्त्रियों के साथ मन्त्रणा किए बिना राजाओं का प्रत्यक्ष एवं परोक्ष कार्य नहीं चल सकता, अतः अपने से अधिक बुद्धिमानों के साथ राजा अवश्य सम्मति करे। अधिक बुद्धिमान ही क्या, राजा तो सबके मत को सुने—किसी की अवहेलना न करे। बुद्धिमान पुरुष तो बालक के भी सार्थक वाक्य को स्वीकार कर लेता है।

पराशर-मतानुयायियों का कथन है कि इससे मन्त्र-ज्ञान तो अवश्य हो जाता

है, मन्त्र-क्षय नहीं होता। इन सब बातों को विचारकर राजा जिस कार्य को करना चाहे, वह न बतलाकर, वैसा ही अन्य कोई कार्य मन्त्रियों के सम्मुख रखकर, उनका मत जान ले।

पिशुनाचार्य इस प्रक्रिया से सहमत नहीं। उनका कथन है कि ऐसा करने पर, अर्थात् ठीक विषय न बतलाने पर, मन्त्री अनादर एवं अरुचि के साथ अपना मत प्रकट करेंगे। यह बड़ी बुरी बात है। अतः राजा को अपने द्वारा नियुक्त मन्त्रियों पर विश्वास करना चाहिए और उनके साथ निःसंकोच मन्त्रणा करनी चाहिए। इससे मन्त्र की वृद्धि और रक्षा भी होती है।

आचार्य कौटिल्य का मन्तव्य है कि तीन या चार मन्त्रियों के साथ अवश्य मन्त्रणा करनी चाहिए। केवल एक मन्त्री से विचार करना उचित नहीं, क्योंकि वह उच्छृंखल होकर राजा को पथभ्रष्ट कर सकता है। दो मन्त्रियों से मन्त्रणा करना भी ठीक नहीं, क्योंकि दो का मिल जाना बहुत सम्भव होता है और उनसे राजा कुमार्ग पर चलाया जा सकता है। यदि तीन या चार मन्त्री होंगे तो इस ढंग के अनर्थ होने की बहुत कम सम्भावना होती है। ऐसा करने से काम ठीक-ठीक चलता रहता है—ऐसा देखा गया है।

मन्त्रियों से अथवा मन्त्रि-परिषद् से राजा इस प्रकार मन्त्रणा करे कि उसके गुप्त मन्त्र को कोई विरोधी न जान सके, प्रत्युत वही शत्रु के छिद्रों को जान ले। राजा तो अपने आकर को इस तरह छिपाकर रखे, जैसे कछुवा अपने अंगों को छिपाकर रखता है।

4. गुप्तचरों की नियुक्ति

पूजिताश्चार्थमानाभ्यां, राजा राजोपजीविनाम्।
जानीयुः शौचमित्येताः पञ्चसंस्थाः प्रकीर्तिताः ॥

राज्य में कर्मचारियों तथा प्रजा की शुद्धता जानने के लिए गुप्तचरों की नियुक्ति की जाए। राजा धन और मान द्वारा उन गुप्तचरों को सन्तुष्ट रखे। ये गुप्तचर पाँच प्रकार के हैं।

राज्य-संचालन के लिए आवश्यक है कि गुप्तचरों की नियुक्ति की जाए। इनका साधारण कर्तव्य यह है कि वे प्रजा में राजा के विरुद्ध होने वाले षड्यन्त्रों की यथासमय सूचना दें। विशेष कर्तव्य यह है कि वे राजकर्मचारियों की शुद्धता का पता लगाते रहें और विद्रोही स्वभाव वालों की सूचना राजा को दें।

धर्मोपधा, अर्थोपधा, कामोपधा तथा भयोपधा—इन चार विधियों में राजकर्मचारियों एवं अमात्यों की शुद्धता तथा स्वामिभक्ति का ज्ञान हो सकता है।

जिस अमात्य की परीक्षा करनी हो, गुप्तचर उसके पास जाए और कहे, "मुझे राजपुरोहित ने आपके पास भेजा है, उनका कथन है कि हमारा राजा बड़ा अधार्मिक हो गया है। वह अब राज्य-सिंहासन पर रहने योग्य नहीं। हमें उसके स्थान पर किसी अन्य कुलीन, धार्मिक एवं साधु-प्रकृति सामन्त को पदस्थित करना चाहिए। सब इस बात को स्वीकार करते हैं, आपकी क्या सम्मति है?" ऐसा कहने पर यदि अमात्य पुरोहित को फटकार दे तो वह अमात्य शुद्ध समझना चाहिए, अन्यथा अशुद्ध। इस परीक्षा-विधि का नाम धर्मोपधा है।

इसी प्रकार कोई अन्य गुप्तचर सेनापति का नाम लेकर कहे—"मुझे सेनापति ने आपके पास भेजा है, उनका कथन है कि यदि आप राजा को गिराने में हमारी सहायता करेंगे, तो आपको बहुत धन का लाभ होगा। जितना भी धन आप मांगेंगे, आपको दिया जाएगा। हमारे साथ अनेक अन्य अमात्य सहमत हैं—आपकी क्या सम्मति है?" ऐसा कहने पर यदि अमात्य सेनापति के प्रस्ताव को ठुकरा दे तो वह अमात्य शुद्ध है, अन्यथा अशुद्ध। इस परीक्षा-विधि का नाम अर्थोपधा है।

राजा किसी कषायवस्त्रधारिणी परिव्राजिका को सत्कारपूर्वक रनिवास में रखे। सबको यह मालूम हो कि वह रानियों की बड़ी विश्वासपात्र है। वह परिव्राजिका किसी अमात्य वा राजकर्मचारी को राजा के विरुद्ध प्रोत्साहित करते हुए इस प्रकार कहे—"राज-महिषी (रानी) तुमसे प्रेम कती है, यदि तुम उसके प्रेम का अनादर करोगे तो बड़ा अनर्थ होगा।" यदि अधिकारी उसकी बात को सुनकर उसे फटकार दे तो शुद्ध समझना चाहिए, अन्यथा अशुद्ध। इस परीक्षा-विधि को कामोपधा कहते हैं।

कोई पूर्व-अपमानित अमात्य राज्याधिकारियों को इस तरह राजा के विरुद्ध उकसाए—"यह राजा बड़ा ही अयोग्य है, जो अयोग्य पुरुषों को ही पसन्द करता है। अब तो एकदम इसे मारकर अन्य को राजा बना देना चाहिए। अन्य सारे अधिकारी इसके विरुद्ध हो चुके हैं। तुम्हारा साथ न देना तुम्हारे लिए खतरनाक होगा—अब, तुम्हारी क्या सम्मति है?" यदि ऐसा भय दिखाए जाने पर भी वह अधिकारी सहमत न हो तो उसे शुद्ध समझना चाहिए अन्यथा अशुद्ध। यह भयोपधा कहलाती है।

जो अधिकारी धर्मोपधा द्वारा शुद्ध प्रमाणित हों उन्हें न्याय-कार्य में नियुक्त करना चाहिए, जो अर्थोपधा में शुद्ध हों उन्हें कर-संग्रह के कार्य में नियुक्त करना चाहिए, जो कामोपधा में शुद्ध हों उन्हें अंतःपुर, विहार आदि का अध्यक्ष बनाना चाहिए। जो भयोपधा द्वारा शुद्ध सिद्ध हुए हों, उन्हें राजा विश्वासपात्र मानकर अपने समीप आवश्यक कार्यों पर नियुक्त करे। जिन अधिकारियों की उपर्युक्त सब विधियों से परीक्षा कर ली गई हो, उन्हें ही अमात्य अथवा मन्त्री-पद पर

नियुक्त करे । जो अधिकारी अशुद्ध प्रमाणित हुए हों उन्हें खान, हाथी और वन के कार्यालयों (जंगलात के महकमों) में लगा दे ।

गुप्तचरों की मुख्य पांच संस्थाएं हैं ।

प्रथम कोटि के गुप्तचर 'कापटिक' कहलाते हैं । वे पर-मर्म जानने में कुशल और कपटवेशधारी होते हैं । वे प्रायः विद्यार्थी के वेश में विचरण करते हैं । मन्त्री कापटिक चर को बुलाकर इस तरह कहे कि ''तुम राजा और मुझे प्रधान मानकर, हम दोनों में जिसकी कुछ भी हानि देखो अर्थात् प्रजा में जिस किसी को हमारे विरुद्ध षड्यन्त्र करता हुआ पाओ, तो उसकी फौरन हमें सूचना दो ।''

द्वितीय कोटि के गुप्तचर 'उदास्थित' नाम से कहे जाते हैं । ये संन्यासी वेशधारी, बुद्धिमान और सुपरीक्षित होते हैं । ये गांवों में बाहर मठ बनाकर रहते हैं और विशेषतः किसानों में विचरण करते हैं और उनकी स्वामिभक्ति का परिचय प्राप्त करते हैं । जो अन्य साधु उनके मठों में आकर रहते हैं, वे राजा की तरफ से उन्हें भोजन-वस्त्र देते हैं और उन्हें भी अपने साथ चर कार्य में सम्मिलित कर लेते हैं ।

'गृहपतिक' नाम के गुप्तचर तृतीय कोटि के होते हैं । ये किसान गृहपति अथवा गृहस्थ होते हैं । वृत्तिहीन होने के कारण राजा से गुप्त रूप में जीविका ग्रहण करते हैं और कृषकों को राजा के अनुकूल बनाने का यत्न करते हैं ।

इसी प्रकार वृत्तिहीन बनिया नगर में राजा से जीविका ग्रहण करके वैश्यों के व्यापार-स्थल में चर-कार्य करता है और व्यापारियों को राजा के अनुकूल बनाता है । ऐसे चरों को 'वैदेहक' नाम से पुकारा जाता है ।

अन्तिम कोटि का गुप्तचर 'तापस' कहलाता है । यह भी राजवृत्ति का इच्छुक होता है । सिर मुंडाकर अथवा जटावेशधारी बनकर, नगर के पास ही बाहर कापटिक छात्रों को साथ लेकर रहता है । वह निराहार रहकर अथवा केवल शाकाहार करके, तपस्या का आडम्बर दिखाकर जनता को दो-तीन मास में वशीभूत कर लेता है । वैदेहक गुप्तचर अच्छी-अच्छी वस्तुएं भेंट करके, इस तापस की पूजा करते हैं । कापटिक छात्र नगर में भिक्षा मांगने के बहाने घूम-घूमकर प्रसिद्ध कर देते हैं कि यह तपस्वी बड़ा सिद्ध योगी है और भविष्य को बताने वाला है । जब भविष्य भाग्य के पूछने वाले मनुष्य तपस्वी के पास आएं, तो कापटिक छात्र उनके कार्यों का पता लगाकर, अंग के चिह्नों द्वारा तपस्वी को सूचित कर दें । इस प्रकार वह तापस गुप्तचर आए हुए जिज्ञासुओं को लाभ-हानि, अग्नि-दाह, चोर-भय राज-दण्ड आदि आने वाली बातों की सूचना देकर उनमें विश्वास उत्पन्न कर ले और उनके भेद पता लगाकर राजा तक पहुँचा दे ।

गुप्तचरों की इन पांच संस्थाओं के अतिरिक्त चार अन्य प्रकार के गुप्तचर भी उपयोगी माने गए हैं।

प्रथम—'सत्री', जो अंगविद्या (हस्तरेखा-विज्ञान), जम्भक-विद्या (वशीकरण-मन्त्र), निमित्त-ज्ञान (शकुन-विद्या) से पूर्णतया परिचित हों। वे साधारण प्रजा में फिरते हुए राजा के प्रति उसकी भक्ति का परिचय प्राप्त करते रहें।

द्वितीय—'तीक्ष्ण', जो अपने प्रान्त में शूरता के लिए माने हुए हों, जो धन के लालच में शेर या हाथी से भी लड़ने के लिए उद्यत रहते हों। ऐसे गुप्तचर प्राणों की चिन्ता न करके भी राजा की सेवा करने में तत्पर रहते हैं।

तृतीय—'रसद', जो अपने भाई-बन्धुओं से भी स्नेह नहीं रखते, बड़े क्रूर और आलसी होते हैं। ये गुप्तचर अपने राजा के शत्रुओं को विष देकर मारने में भी संकोच नहीं करते।

चतुर्थ—'भिक्षुक', जो विधवा ब्राह्मणी के रूप में अन्तःपुर अथवा अधिकारियों के घरों में घुसकर उनका पता रखते हैं।

ये चारों गुप्तचर विशेषतया मन्त्री, पुरोहित, सेनापति, युवराज प्रदेश-समाहर्त्ता, दुर्गरक्षक, सीमारक्षक आदि उच्च राजकर्मचारियों की शुद्धता का पता लगाने के लिए नियत किए जाते हैं। ये प्रजा में भी साधारणतया विचरण करते हैं। रसद नाम का उपर्युक्त गुप्तचर अधिकारियों के घर में रसोई बनाने वाला, स्नान कराने वाला, हाथ-पैर दबाने वाला, बिस्तर बिछाने वाला, जल भरने वाला, नर्तक अथवा गायक बनकर प्रवेश कर लेता है और इनके आभ्यन्तर भेदों का पता लगाकर राजा तक पहुंचा देता है। भिक्षुकी गुप्तचर उसकी इन सब कामों में सहायता करती है।

ये सब गुप्तचर प्रतिपक्षी राजाओं व अमात्यों के पास नौकरी भी कर लेते हैं और दोनों ओर से वेतन ग्रहण करते रहते हैं। इन उभय-वेतन-ग्राही गुप्तचरों के बाल-बच्चों और परिवार के अन्य लोगों की राजा देखभाल करता है। राजा इन चरों की शुद्धता जानने के लिए अन्य चरों की भी नियुक्ति करता है कि क्या वे शत्रुदेश में अपना काम ठीक तरह से कर रहे हैं और क्या कहीं शत्रु से तो नहीं मिल गए?

इस प्रकार बुद्धिमान राजा गुप्तचरों द्वारा अपनी प्रजा, अधिकारी, सेना आदि की शुद्धता का पता लगाता रहे, और शत्रुपक्ष में भी उन्हें भेजकर उसका बलावत ज्ञात करता रहे। ऐसा करने से अपने राज्य की स्थिरता, सुसमृद्धि तथा समुत्कर्ष होता है। प्रजा में जो क्रुद्ध वर्ग हो, उसे राजा सामोपाय से शान्त करने की चेष्टा करे; जो लुब्धवर्ग हो, उसे दान से; एवं जो मानीवर्ग हो, उसे भेद द्वारा; तथा जो भीत वर्ग हो, उसे दण्ड द्वारा अपने वश में कर ले। इन सब कार्यों में गुप्तचर उसके परम सहायक हो सकते हैं।

5. राजदूतों की नियुक्ति तथा उनके कर्तव्य

दूतमुखा वै राजानः...

(दूत राजाओं के मुख के समान होते हैं।)

राजदूत तीन प्रकार के हैं—प्रथम—'निसृष्टार्थ', जो अमात्य-सम्पत्ति से युक्त होते हैं, और जिन्हें पूर्ण अधिकार प्राप्त होते हैं कि वे राजा की तरफ से किसी निश्चय को कर लें। राजा उन पर अपना सब उत्तरदायित्व छोड़ देता है।

द्वितीय—'परिमितार्थ', जिनपर परिमित उत्तरदायित्व छोड़ा जाता है और राजा की स्वीकृति के बिना वे कोई अन्तिम निश्चय नहीं कर सकते।

तृतीय—'शासनहर', जो दूसरे देश के राजा तक केवल सन्देश-मात्र पहुंचाने का कार्य पूरा करते हैं, अपनी तरफ से कोई बात नहीं कह सकते।

राजदूत दूसरे देश में घोड़ा, गाड़ी, नौकर, चाकर आदि साथ लेकर शान से प्रवेश करे। मार्ग में दूत यह मनन करता हुआ जाए कि ''मैं इस प्रकार अपने राजा के सन्देश को विरोधी राजा के सम्मुख रखूंगा। तब वह इस तरह कहेगा और फिर मैं उसका यह उत्तर दूंगा।''

दूत शत्रु के प्रदेश में उसकी आज्ञा प्राप्त होने पर ही प्रवेश करे। वह अपने राजा के सन्देश को ठीक ढंग से प्रस्तुत करे। चाहे प्राण-संकट भी उपस्थित हो जाए, तो भी अपने स्वामी के सन्देश को समुचित रीति से कहने में दूत संकोच न करे।

वह इस तरह कहे—''हे राजन्, तुम हो या कोई अन्य राजा। दूत तो राजाओं के मुख के समान होते हैं। उन्हें सदा यथार्थ सन्देश का कथन करना होता है—चाहे उन पर शस्त्र-प्रहार ही क्यों न हो जाए। निर्भीकता से अपने राजा का वचन कहना उनका धर्म है। ये राजदूत चांडाल जाति के भी क्यों न हों, सदा अवध्य होते हैं—फिर ब्राह्मणों का तो क्या कहना! दूत जो कुछ कहता है, वह तो राजा की बात कहता है, दूत का धर्म ही सत्य-सत्य बात कह देना है।''

जब तक राजा विदा न करे, दूत वहीं निवास करे। राजा के सत्कार से दूत को घमण्ड नहीं करना चाहिए। शत्रुओं के मध्य में पहुंचकर वह अपने बल का अभिमान न दिखाए। यदि कोई अनिष्ट वाक्य कहे तो उसे वह शान्तिपूर्वक सहन कर ले। दूत को परस्त्री-गमन तथा सुरापान भी बिल्कुल नहीं करना चाहिए। उसे सोना भी अकेला चाहिए। यदि दूत सुरापान करके मद में पागल होगा अथवा सोता हुआ कभी बड़बड़ा बैठेगा, तो दूत के गुप्त रहस्य के बाहर निकल जाने

की सम्भावना होती है। अतः दूत को मद्यपान से सर्वथा बचना चाहिए और किसी अन्य के साथ शयन भी नहीं करना चाहिए।

राजदूत शत्रु के देश में रहता हुआ विरोधी राजा के वन एवं सीमान्त के रक्षक, नगर एवं ग्राम के मुख्य-मुख्य अधिकारियों से, जहां तक हो सके, अपना मेल-जोल बढ़ा ले। वहीं पर अपनी सेना के ठहरने योग्य स्थान, युद्ध-स्थल, समय पड़ने पर भागने के मार्ग आदि का पता लगाता रहे। वह यह भी ज्ञात करे कि शत्रु के पास कितने दुर्ग हैं, राज्य का कितना विस्तार है, धान्य और सुवर्ण की कितनी आय है, प्रजा की जीविका की क्या व्यवस्था है, राज्य की रक्षा किस तरह हो रही है और राज्य में कौन-कौन-से छिद्र-स्थान हैं, इत्यादि।

दूत शत्रुदेश में तोड़ने-फोड़ने योग्य व्यक्तियों को तोड़-फोड़कर अपनी ओर मिला ले। जो तोड़-फोड़ में न आएं, उनका सूक्ष्म दृष्टि से ज्ञान प्राप्त करे। विरोधी राजा के रन्ध्र अथवा छिद्र-स्थानों का ज्ञान वह अपने देश से आए हुए तापस अथवा वैदेहक भेषधारी गुप्तचरों द्वारा प्राप्त करे। यदि इन लोगों से मिलने का अवसर न मिल सके तो भिखारी, उन्मत्त एवं सुप्त व्यक्तियों के प्रलापों से वह इन बातों की जानकारी प्राप्त करे। इसके अतिरिक्त वह तीर्थस्थान, देवालय, चित्रशाला तथा अन्य लेखन-कला आदि के संकेतों द्वारा विरोधी राष्ट्र के समाचारों का पता लगा ले और उनकी सूचना अपने राजा को दे।

यदि शत्रु राजा किसी ढंग से अपने राजा का भेद लेना चाहे तो दूत सावधानता से उसकी बातों का निराकरण करे और कहे, ''आप तो सब जानते ही हैं।'' यदि कुछ कहना ही पड़े तो वही बात कहे कि जिससे अपने राजा के कार्य की सिद्धि हो।

यदि विरोधी राजा दूत को अपने देश में रोक रखे तो वह विचार करे कि क्या इसने मेरे स्वामी के सम्बन्ध में समीप ही विपत्ति का अनुमान किया है अथवा यह मुझे रोककर इस काल में अपनी त्रुटि को पूरा कर रहा है। यह कहीं हमारे राज के शत्रु से मिलने का यत्न तो नहीं कर रहा। इन सब बातों का ठीक ज्ञान प्राप्त करके शत्रु राजा के राष्ट्र में ठहरने या न ठहरने का निश्चय करें और स्वामी के प्रिय प्रयोजन की सिद्धि का उपाय करे। अपने स्वामी का सन्देश सुनाते समय, यदि विरोधी राजा उसे बन्धन या वध में डालना चाहे, तो बिना राजा से पूछे ही वह वहां से भाग निकले। यदि दूत सावधानी न रखेगा तो वह पकड़ा जा सकता है।

इस प्रकार शत्रु के देश में अपने राजा का सन्देश पहुंचाना, पूर्व की हुई परस्पर की सन्धि के नियमों का पालन कराना, अपने स्वामी के प्रताप को प्रकट

करना, मित्रों का संग्रह करना, तोड़ने-फोड़ने योग्य व्यक्तियों को तोड़ लेना, शत्रु के गुप्तचरों का ज्ञान प्राप्त करना, अपने कार्य की सिद्धि के निमित्त कारण आदि प्रयोगों का आश्रय लेना—ये सब दूतों के कर्म माने गए हैं।

राजा अपने दूतों द्वारा यह सब कुछ कराए और अपने देश में शत्रु के दूतों पर भी दृष्टि रखे। शत्रुदूतों का पता वह अपने अन्तर्देशीय गुप्तचर, प्रतिदूत एवं प्रत्यक्ष तथा परोक्ष रक्षियों (सिपाहियों) द्वारा करता रहे।

6. राजा के कर्तव्य तथा उसकी दिनचर्या

मात्स्यन्यायाभिभूताः प्रजा मनुं वैवस्वतं राजानं चक्रिरे। धान्यषड्
भागं पण्यदशभागं हिरण्यं चास्य भागधेयं प्रकल्पयामासुः। तेन
भृता राजानः प्रजानां योगक्षेमवहाः...इन्द्रयमस्थानमेतद् राजनः
...तानवमन्यमानां दण्डः स्पृशति।

मात्स्य न्याय की अवस्था (जिसमें जैसे बड़ी मछली छोटी को खा जाती है, बलवान निर्बल को खा जाता है) से पीड़ित हुई प्रजाएँ वैवस्वत मनु के पास गईं और कहने लगीं, ''हम तुम्हें अपना राजा नियत करती हैं, तुम्हें हम धान्य का छठा भाग और पण्य (व्यापार) पदार्थों का दसवाँ भाग कर-रूप में प्रदान करेंगी, तुम हमारी रक्षा करो।''...इस प्रकार राजा अथवा राष्ट्र की उत्पत्ति हुई। राजा लोग प्रजा से कर ग्रहण करके उनके योग-क्षेम अर्थात् कल्याण का सम्पादन करते हैं। वे इन्द्र और यम के तुल्य होते हैं और प्रजा में व्यवस्था स्थापित करते हैं। उनका निग्रह और अनुग्रह प्रत्यक्ष होता है। जो उनकी अवज्ञा करता है, वह दण्ड-भागी होता है।

यदि राजा क्रियाशील होगा तो उसके अधिकारी भी क्रियाशील होंगे। यदि वह प्रमादी होगा तो अधिकारी भी प्रमादी होंगे। वे राजा को भी प्रजा में सर्वथा अप्रिय बना देंगे। ऐसा राजा शीघ्र ही शत्रुओं के वश में हो जाता है। अतः राजा सतर्क और सावधान होकर प्रजा के कल्याणसाधन में सदा सचेष्ट रहे।

राजा दिन और रात्रि को आठ-आठ भागों में (प्रति भाग=डेढ़ घंटा) विभक्त कर ले और उसके अनुसार राज्य-कार्यों का सम्पादन करे।

दिन के प्रथम भाग में राजा प्रजा की रक्षा के विधानों (पुलिस-विभाग) और राज्य के आय-व्यय का श्रवण करे। दूसरे भाग में नगर और ग्रामवासियों के कार्यों को देखे अर्थात् उनके अभियोग और व्यवहार (मुकदमों) को सुने।

दिन के तीसरे भाग में वह स्नान, भोजन का सेवन और स्वाध्याय करे।

चतुर्थ भाग में सुवर्ण-ग्रहण अर्थात् कर-विभाग (माल का महकमा) का निरीक्षण और शासकों की नियुक्ति-परिवर्तन आदि पर विचार करे।

दिन के पांचवें भाग में आवश्यक विषयों पर मन्त्रि-परिषद् का परामर्श ग्रहण करे। इसी समय में राजा गुप्तचरों से गुप्त बातों की जानकारी प्राप्त करे। छठे भाग में राजा की जैसी इच्छा हो करे, अथवा अधिकारियों से मन्त्रणा करे।

दिन के सातवें भाग में हाथी, अश्व, रथ और शस्त्रों की देख-रेख वा पड़ताल करे। आठवें भाग में सेनापति को बुलाकर उसके साथ युद्ध आदि सैनिक विषयों पर बातचीत करे। इस प्रकार जब सायंकाल हो जाए, तो राजा उठकर सन्ध्या-उपासना करे।

इसके अनन्तर राजा रात्रि के प्रथम भाग में गूढ़ पुरुषों से बातचीत करे। रात्रि के दूसरे भाग में स्नान-भोजन और स्वाध्याय करे, तीसरे भाग में तूर्य-ध्वनि के साथ रनिवास में प्रवेश करे। और चौथे तथा पांचवें भाग में अर्थात् एक प्रहर तक शयन करे। छठे भाग में वह पुनः तूर्य-ध्वनि के साथ निद्रा का परित्याग करके उठ बैठे और उस समय नीतिशास्त्र एवं दिन के आवश्यक कर्तव्यों का विचार कर ले। सातवें भाग में गुप्तचरों से जो गुप्त मन्त्रणा करनी हो, कर ले और उन्हें अपने-अपने कामों पर भेज दे। फिर रात्रि के आठवें भाग में ऋत्विक्, आचार्य और पुरोहित के साथ स्वस्तिवाचन एवं शान्तिपाठ का प्रवचन करे और इसके अनन्तर रात के इसी अन्तिम भाग में वैद्य, रसोई के कार्यकर्ता तथा ज्योतिषी से बातचीत करके राजा अपने शरीर आदि के सम्बन्ध में विचार कर ले। प्रातःकाल होने पर बछड़े सहित धेनु की परिक्रमा करके राजा दैनिक कार्य के लिए पुनः अपने दरबार में पहुंचे और पूर्ववत् दिनचर्या प्रारम्भ करे। जब राजा दरबार में उपस्थित हो तो जिनके जो काम हों, उनको बेरोक-टोक आने दे। यदि राजा दुर्दर्श अर्थात् न पहुंचने योग्य बनेगा, तो समीपस्थ अधिकारी लोग उससे उलट-पुलट काम करवा डालेंगे और इससे प्रजा में असन्तोष फैलेगा और परिणामस्वरूप राजा शत्रु के वश में चला जाएगा।

प्रजासुखे सुखं राज्ञः, प्रजानां च हिते हितम्।
नात्मप्रियं हितं राज्ञः प्रजानां तु प्रियं हितम्॥

प्रजा के सुख में राजा का सुख है, प्रजा के हित में उसका हित है। जो कुछ राजा को प्रिय हो, वह उसे हित नहीं समझे, प्रत्युत जो प्रजा को प्रिय हो, उसे ही वह हित माने।

राजा बालक, वृद्ध, रोगी, अनाथ एवं स्त्रियों के हित का स्वयं निरीक्षण करे, केवल अधिकारियों पर उसे न छोड़ दे। वह प्रजा की रक्षा और शत्रु के आक्रमण से बचाव रखने के लिए देवालय, मुनियों के आश्रम, पाखण्डियों के मठ, वेदशाला, पशुशाला तथा धर्मशाला आदि को स्वयं समय-समय पर देखने के लिए जाए और यथोचित कार्य को सम्पन्न करे। जिन कार्यों का समय निकला जा रहा हो, प्रथम उनको करे। ऐसा न करने से वे कार्य पुनः असाध्य अथवा कष्टसाध्य हो जाते हैं।

अपनी उन्नति, यज्ञ, प्रजा के करने योग्य कार्यों का अनुशासन, दान देना, प्रजा पर समान दृष्टि रखना ये सब कर्तव्य दीक्षित राजा के व्रत माने जाते हैं। राजा नित्य उद्योग में तत्पर रहे और नीति के अनुसार ही प्रजा का अनुशासन करे। जो राजा नीति के अनुसार चलता है, उसका सदा उत्कर्ष तथा अभ्युदय होता है और संकट उससे कोसों दूर भागता है। यदि राजा अपनी उन्नति के उपायों में तत्पर नहीं होगा, तो वह पाई हुई और आगे प्राप्त होने वाली सारी सम्पत्ति को खो बैठेगा। यदि वह नीति के अनुसार बढ़ने की चेष्टा करेगा तो उसे ऐश्वर्य एवं समृद्धि का मधुर फल प्राप्त होगा।

प्रजा की रक्षा तथा अनुशासन में तत्पर राजा आत्मरक्षा की भी कदापि उपेक्षा न करे, क्योंकि आत्मरक्षा करने वाला राजा ही अपनी प्रजा का कल्याण-सम्पादन कर सकता है।

सर्वप्रथम राजा को अपने राजपुत्रों से ही रक्षा करने की आवश्यकता है, क्योंकि वे केकड़े (जल-जन्तु) की भांति अपने पिता के ही भक्षक होते हैं। अतः आचार्य विशालाक्ष का मत है कि राजा अपने पुत्रों को पृथक् किसी सुरक्षित स्थान पर रखे। परन्तु पराशर मुनि का कथन है कि यह तो सांप के भय के समान है। सांप मारे जाने के भय से मनुष्य को पहले ही काट लेता है। इसी तरह बंधन में रखा हुआ राजकुमार निष्कारण ही पिता का शत्रु बन जाता है।

वातव्याधि आचार्य का मत है कि राजकुमारों को स्त्रियों के भोगविलास में फंसा देना चाहिए। ऐसे सुख में लिपटे हुए पुत्र पिता से द्रोह नहीं करते।

आचार्य कौटिल्य इसे बहुत बुरा मानते हैं। उनके मत में यह तो पुत्र को जीते ही मार देने के समान है। घुन (कीड़े) द्वारा खोखले किए हुए काष्ठ की भांति, अशिक्षित पुत्र से तो राजवंश बिना किसी युद्ध आदि के ही, स्वयं नष्ट हो जाता है। अतः जब राजमहिषी गर्भवती हो, तभी से ऋत्विक् लोग शास्त्रानुसार उचित संस्कार करना प्रारम्भ कर दें जिससे राजपुत्र सुसंस्कृत, विद्वान् तथा ऐश्वर्यशाली हो। पुत्र के उत्पन्न होने पर जातकर्म किया जाए और पुनः वेदारम्भ

तथा उपनयन संस्कार के साथ, योग्य शिक्षकों से उसकी शिक्षा का प्रबन्ध किया जाए। ऐसा करने से ही राजा की राजपुत्रों से रक्षा हो सकती है। सुसंस्कृत तथा सुशिक्षित पुत्र पिता के सदा आज्ञाकारी, भक्त तथा हितेच्छुक होते हैं। उनसे पिता को कभी भय नहीं हो सकता।

राजा अपने शरीर-रक्षक के रूप में विश्वस्त पुरुषों को ही सदा नियत करे। उनसे भी राजा को भय हो सकता है। ये लोग पिता-पितामह क्रम से पहचाने हुए, अनुरक्त तथा कार्य-कुशल होने चाहिए। कभी किसी विदेशी पुरुष को इस कार्य पर नियुक्त नहीं करना चाहिए, न ही किसी अपमानित व्यक्ति को शरीर-रक्षक बनाना चाहिए। सुपरीक्षित रक्षक ही भीतर महलों में अथवा रनिवास में रक्षा-कार्य पर लगाने चाहिए।

राजा अपने भोजन के सम्बन्ध में भी सदा सावधान रहे। पाकशाला पर नियुक्त पुरुष गुप्त प्रदेश में राजा की रसोई को हमेशा अपने सीधे निरीक्षण में तैयार कराएं। राजा पहले अग्नि, पक्षी आदि को बलि देकर पीछे स्वयं भोजन का भक्षण करे। यदि भोजन में विष मिला होगा तो अग्नि की लपट और धुआं भी नीला होकर निकलेगा और अग्नि में 'चटचट' का शब्द होगा। यदि पक्षियों ने विषयुक्त भोजन खाया होगा तो वे भी उसी समय तड़फड़ाने लगेंगे। यदि दूध में विष मिला हो तो लाल धारी, मद्य और जल में काली और मधु में श्वेत धारी दिखाई देती है। शाकादि के रस में यह धारी नीली होकर निकलती है। राजा को विषप्रयोग जानने वाले वैद्यों को सर्वदा अपने पास रखना चाहिए।

अपने राजगृह बनवाने में भी राजा को विशेष सावधानी बरतनी चाहिए। राजगृह के द्वार छिपे हुए होने चाहिए। नीचे तहखाने होने चाहिए। जिनमें बाहर निकलने की अनेक सुरंगें हों। राजगृह की सीढ़ी इतनी छिपी हो कि मनुष्य सहसा उस पर न पहुंच सके। यदि बिजली से जले हुए वृक्ष आदि की भस्म को मिट्टी में मिलाकर धतूरे के पानी के साथ राजभवन की दीवारों को लीप दिया जाए तो अग्नि राजगृह को नहीं जला सकती। आपत्ति से प्रतिकार करने के लिए राजा को ऐसे प्रासाद बनवाने का विधान किया गया है।

राजा जब किसी देवस्थान, सभा, उत्सव अथवा प्रवहण (सामाजिक भोज) में जाए, तो कम-से-कम दस शरीर-रक्षक अवश्य उसके साथ हों। जिस प्रकार राजा शत्रुओं पर गूढ़ प्रयोगों का व्यवहार करता है, वैसे ही शत्रु भी उसपर गूढ़ प्रयोगों का व्यवहार करते हैं। अतः राजा उनसे सदा सावधान होकर अपनी रक्षा करता रहे। सर्वथा सुरक्षित राजा ही प्रजा का कल्याण तथा अनुशासन करने में समर्थ हो सकता है।

द्वितीय अधिकरण

राज्य में अध्यक्षों की नियुक्ति

1. ग्रामों को बसाना तथा उनकी व्यवस्था

दण्डविष्टिकराबाधैः रशेदुपहतां कृषिम्।
स्तेनव्यालविषग्राहैः व्याधिभिश्च पशुव्रजान्॥

दण्ड, विष्टि (बेगार), कर (टैक्स) आदि की बाधा से नष्ट होने वाली कृषि की राजा सर्वदा रक्षा करे, अर्थात् किसानों पर वह अधिक भार न डाले। इसी प्रकार चोर, हिंस्र प्राणी, विष-प्रयोग तथा अन्य प्रकार की व्याधियों से किसानों के पशुओं की रक्षा करना भी राजा का कर्तव्य है।

अन्य देशों से मनुष्यों को बुलाकर या अपने देश की अधिक जनसंख्या वाले स्थानों से आबादी को लाकर राजा पुराने अथवा नये ग्रामों को बसाए। राजा को प्रत्येक ग्राम में किसान और शिल्पी ही अधिक बसाने चाहिए। एक ग्राम में सौ से न्यून और पाँच सौ से अधिक घर नहीं होने चाहिए। ये ग्राम एक या दो-दो कोस की दूरी पर बसाने योग्य हैं, जिससे समय पर एक ग्राम दूसरे ग्राम की रक्षा कर सके।

राजा ग्राम की सीमा को नदी, पर्वत, वन, बेर के वृक्ष, खाई, सेतुबन्ध (पुल), सेमल, शमी, गूलर आदि के वृक्षों से सुशोभित बनाए। आठ सौ ग्रामों के मध्य में एक 'स्थानीय' (बड़ा नगर) बसाए। चार सौ ग्राम के मध्य में एक 'द्रोणमुख' (नगर) की स्थापना करे। दो सौ गांवों के मध्य में एक 'खार्वटिक' (कसबे) की रचना करे और दस गांवों का संग्रह करके उनके बीच में संग्रहण, अर्थात् कर-संग्रह की एक चौकी की स्थापना करे। प्रत्येक ग्राम की सीमा पर राजा अन्नपाल नाम के एक अध्यक्ष की नियुक्ति करे जो व्याध, शबर, भील आदि वनचरों की सहायता से उनकी रक्षा करे।

राजा इन ग्रामों में अपने ऋत्विक्, आचार्य, पुरोहित और वेदपाठी ब्राह्मणों को 'ब्रह्मदेय' नाम की भूमि प्रदान करे। इनपर किसी प्रकार का दण्ड अथवा कर न लगाया जाए। भूमि-प्रदान इन आचार्यों आदि की वंश-परम्परा तक सदा चलना चाहिए।

ग्राम के अध्यक्ष—गोप, स्थानिक, संख्यानक (नम्बरदार, जेलदार, पटवारी) आदि अधिकारियों तथा चिकित्सक (वैद्य), अश्व-शिक्षक और दूत-कर्म करने वाले सैनिकों को भी भूमि प्रदान करना उचित है, परन्तु उन्हें इस भूमि को बेचने या गिरवी रखने का अधिकार नहीं होना चाहिए। शेष कृषि-योग्य भूमि किसानों में बांटनी चाहिए, जो उसपर राजा को कर अथवा लगान दें।

जो पुरुष स्वयं कृषि न करके भूमि को पड़ा रखते हैं, राजा उनसे भूमि छीनकर दूसरों को दे दे, या उसे गांव के मजदूरों को अथवा बनियों को दे दे, जिससे स्वामी द्वारा भूमि न बोए जाने के कारण राजकोष को हानि न हो। जो कृषक लोग राजकोष में नियमपूर्वक कर देते रहते हों, राजा उनकी बीज, पशु एवं धन से सहायता करे।

परन्तु राजा किसानों को कर देने में रियायत (अनुग्रह) अथवा छूट (परिग्रह) उतनी ही दे, जिससे राजकोष में वृद्धि ही हो, हानि न हो। यदि राजा के कोष में धन की कमी हो जाए तो वह पुर एवं जनपद-निवासियों को खाना शुरू कर देता है। अतः राजा लगान के नये बन्दोबस्त के समय, अथवा केवल दैवी विपत्तियों के समय पर ही, कर में छूट या कोई रियायत करे। कोई किसान यदि किसी विशेष कारण से निश्चित अवधि पर बकाया लगान न दे सके तो राजा पिता के समान सहानुभूति से उसके साथ व्यवहार करे और कठोरता न करे।

राजा ग्रामों की उन्नति के लिए निम्न रूप से व्यवस्था करे। ऐसा करने से प्रजा समृद्ध एवं सुख-सम्पन्न होकर रहती है—

राजा ग्रामों में पशुशालाएं स्थापित करवाकर उनमें पशुसंवर्द्धन कराए, जिससे कृषि के लिए उत्तम बैल प्राप्त हो सकें।

भूमि-सिंचन के लिए राजा झरनों के पानी से अथवा नित्यप्रवाही नदियों के जल से भरे हुए सरोवरों का निर्माण कराए। इन सरोवरों अथवा सेतुओं पर राजा का ही स्वामित्व हो और इनमें होने वाले व्यापार, मत्स्य-ग्रहण, भ्रमण आदि पर भी राजा का नियन्त्रण तथा अधिकार हो। यदि कोई धनवान पुण्यार्थ किसी तालाब, बन्ध आदि को बनवाना चाहे तो राजा उसको भूमि, मार्ग, वृक्ष आदि प्रदान करके सहायता करे।

जब गांव के लोग मिलकर किसी सेतुबन्ध अर्थात् सरोवर के बांध आदि को बनाने की योजना तैयार करें तो राजा उसमें उनकी पूरी तरह सहायता करे। ग्राम के जो मनुष्य किसी अन्य आवश्यक कार्य से उस सहकारी उद्योग में सम्मिलित न हो सकें, वे अपने स्थान पर नौकर तथा बैल भेजकर सहयोग दें। इस सम्मिलित कार्य में जो व्यय हो, उसका भाग इन व्यक्तियों से अवश्य ले लेना चाहिए; और उससे जो लाभ हो, उसमें उनका अधिकार नहीं होना चाहिए।

राजा ग्रामों के परस्पर सम्बन्ध के लिए वणिक्पथ, वारिपथ, स्थल-पथ आदि मार्गों का निर्माण कराए। इन मार्गों द्वारा आवश्यक वस्तुओं के लाने अथवा ले जाने में सुविधा रहती है।

भूमि से उत्पन्न पदार्थों के विक्रय के लिए ग्रामों तथा नगरों में राजा पण्यपत्तनों (मंडियों) की भी व्यवस्था करे जिससे किसान लोग अपने परिश्रम का उचित फल शीघ्र ही प्राप्त कर सकें।

राजा प्रत्येक ग्राम में धर्मशालाओं (पुण्यस्थान) तथा बगीचों (आराम-स्थलों) का भी निर्माण कराए। जो दानी इन्हें अपनी तरफ से बनाना चाहें, राजा उनकी यथाशक्ति सहायता करे।

धार्मिक राजा बालक, वृद्ध, व्याधिग्रस्त, विपत्ति-पीड़ित एवं अनाथों की रक्षा करे। सन्तानहीन अरक्षित स्त्री की तथा संतानवाली विधवा स्त्री तथा उसके बच्चों की भी राजा रक्षा करे। नाबालिग बालक की सम्पत्ति पर गांव के वृद्ध पुरुषों का अधिकार रहे। जब वह युवा हो जाए, उसे उसका स्वत्व दे दिया जाए। इसी प्रकार देव-सम्पत्ति पर भी ग्रामवृद्ध का अधिकार हो, जो उसकी वृद्धि में तत्पर रहे।

जब कोई पुरुष अपनी स्त्री, माता, पिता, नाबालिग भाई-बहिन अथवा विधवा बहिन एवं बच्चों का भरण-पोषण न करे, राजा उसे बारह पण (सोने के सिक्के) का दण्ड दे। जो पुरुष पुत्र और भार्या के निर्वाह का उचित प्रबन्ध किए बिना ही संन्यास ग्रहण कर ले, उसे भी राजा यथोचित दण्ड दे। इसी तरह जो अपनी स्त्री को संन्यासिनी हो जाने की प्रेरणा दे, उसे भी दण्ड देना चाहिए। जब मनुष्य का काम-विकार शांत हो जाए तथा गृहस्थ का कर्तव्य-भार पूरा हो चुके, तभी उसे धर्माचार्यों की आज्ञा लेकर संन्यासाश्रम में प्रवेश करना चाहिए। इस राज्य-नियम का जो उल्लंघन करे राजा उसे अवश्य दण्ड दे।

संन्यासियों के अतिरिक्त किन्हीं अन्य साधुओं को, स्वदेशीय संघ के अतिरिक्त किसी अन्य संघ का तथा स्थानीय सहकारी संस्थाओं के अतिरिक्त अन्य किसी संस्था को ग्राम में प्रवेश करने की राजा आज्ञा न दे।

ग्रामों में नाट्यगृह तथा क्रीड़ाशालाएं न हों। नर्तक, गायक, वादक आदि ग्रामों में आकर कृषकों के काम में विघ्न उत्पन्न न करें, क्योंकि ग्रामवासियों को अपने क्षेत्र के कार्य, अर्थात् कृषि में ही सदा संलग्न रहना चाहिए। ऐसा करने से ही देश में धन-धान्य की समृद्धि होती है और राजकोष की भी अभिवृद्धि होती है।

राजा अपने देश को शत्रुओं से, व्याधियों तथा दुर्भिक्षों से पीड़ित न होने दे। वह उन क्रीड़ाओं का भी बहिष्कार कराए जो विलासप्रियता को बढ़ाने वाली हों। वह दण्ड, विष्टि (बेगार), कर (टैक्स) आदि की बाधा से कृषि की रक्षा करे और किसानों पर अधिक बोझ न पड़ने दे। इसी प्रकार राजा चोर, हिंसक प्राणी, विष-प्रयोग तथा अन्य कष्टों से किसानों के पशुओं की भी रक्षा करे जिससे वे बलवान होकर कृषि-कार्य में सहायक हो सकें और परिणामस्वरूप देश धन-धान्यसम्पन्न एवं सुखी समृद्ध हो सके।

2. दुर्गों तथा नगरों का निर्माण

चतुर्दिशं जनपदान्ते साम्परायिकं दैवाकृद्दुर्गं कारयेत्।
जनपदमध्ये   समुदयस्थानं   स्थानीयं   निवेशयेत्॥

देश के चारों तरफ सीमाओं पर राजा युद्धोचित, प्राकृतिक दुर्गों का निर्माण कराये और देश के बीच में धनवृद्धि के केन्द्र नगरों और राजधानी की स्थापना करे।

दुर्ग चार प्रकार के हैं। औदक दुर्ग वे होते हैं, जो पानी में स्थित होते हैं; वे द्वीप की तरह स्वाभाविक जल से अथवा गहरी खाई से घिरे हुए होते हैं। दूसरे पार्वत दुर्ग, जो पर्वत की कन्दराओं में अथवा बड़े-बड़े पत्थरों की दीवारों से बने होते हैं। तीसरे धान्वन दुर्ग कहलाते हैं, जो जल और घास से रहित मरुस्थलों में स्थित होते हैं। चौथे वनदुर्ग, जो चारों ओर दलदल से अथवा काँटेदार झाड़ियों से व्याप्त होते हैं। इनमें औदक तथा पार्वत दुर्ग देश की रक्षा के कारण होते हैं। धान्वन और वनदुर्ग जंगलों में बनाए जाते हैं। इनमें राजा आपत्ति के समय भागकर अपनी रक्षा कर सकता है। राजा इन दुर्गों के भीतर पत्थर, कुदाल, कुल्हाड़ी, बाण, कल्पना (हाथी का सामान), बन्दूक, मुद्गर, लाठी, चक्र, यन्त्र, शतघ्नी (तोप), लुहार के कार्य में आने वाला सामान, शूल, तीक्ष्ण नोक के भाले, बांस, ऊंट की ग्रीवा के आकार के लम्बे-लम्बे शस्त्र (उष्ट्रग्रीव्यः), अग्नि से चलने वाला शस्त्र तथा अन्य जो युद्धोपयोगी सामान हैं उनको इकट्ठा करे।

देश के मध्य में स्थान-स्थान पर दुर्ग के समान सुदृढ़ एवं सुरक्षित नगरों की राजा रचना करे। वास्तु विद्या जानने वाले विद्वान् जिस स्थान को श्रेष्ठ बताएं, उस पर नगर बसाने चाहिए। नदी के संगम पर अथवा न सूखने वाले सरोवर वा झील के किनारे पर गोल, दीर्घ या चौकोर रूप में नगर बसाने उचित हैं।

इन नगरों के चारों ओर एक-एक दण्ड (छः फीट) की दूरी पर तीन खाइयां खुदवा दे, जो क्रमशः चौदह, बारह और दस दण्ड चौड़ी होनी चाहिए। इनकी गहराई चौड़ाई से आधी वा एक चौथाई कम होनी चाहिए। इनकी दीवारें तथा तलहटी पत्थर तथा ईंट से चुनी होनी चाहिए। इनमें वर्षा या नदी का पानी सदा भरा रहे, इनमें से जल निकालने की नहरें भी बनवानी चाहिए। इन खाइयों में सुन्दर-सुन्दर कमल और मकर भरे होने चाहिए।

खाई से चार दण्ड की दूरी पर छः दण्ड ऊंचा, सब ओर से मजबूत और ऊपर की चौड़ाई से दुगुनी नींव वाला एक बड़ा प्राकार (फसील) बनवाया जाए। ऊर्ध्वचय, मञ्चपृष्ठ और कुम्भकुक्षिक—इस तरह तीन प्रकर का यह प्राकार होना चाहिए—अर्थात् ऊपर पतला, नीचे चपटा और बीच में कुम्भाकार हो। इन प्राकारों को बनाते समय हाथी और बैलों से इनकी मिट्टी को अच्छी तरह दबवा लेना आवश्यक है। इनके चारों ओर कांटेदार विषैली झाड़ियां लगी होनी चाहिए। बची हुई मिट्टी से, प्राकार में जो छिद्र रह गए हों, उन्हें भरवा देना उचित है।

प्राकार के बाहर के मार्गों को शत्रुओं के घुटनों को तोड़ देने वाले खूंटों, त्रिशूल और लोह-कण्टकों के ढेरों, सीप की हड्डियों, कुत्ते के दांतों, बड़े-बड़े लट्ठों और दलदल से भरे हुए गड्ढों, आदि से ढक दिया जाए जिन पर चलने के साथ ही शत्रु विपत्तिग्रस्त हो जाए।

इस तरह प्राकार से सुरक्षित नगर में वास्तुविद्या के अनुसार अन्य रचनाएं भी कराई जाएं। इस नगर की चारों दिशाओं में तीन-तीन बड़े द्वार हों, जिनके नीचे सुरंगें बनी हुई हों। नगर में राजमार्ग बने हुए हों जो कम-से-कम चार दण्ड (24) फीट चौड़े हों और जो स्थानीय, द्रोणमुख एवं राष्ट्र के ग्रामों को परस्पर मिलाते हों। व्यापार मण्डियों को जाने वाले मार्ग आठ दण्ड (48 फीट) चौड़े हों, जिन पर अनाज से भरी गाड़ियों को चलने में सुविधा हो।

इस नगर में जो भूमिभाग बहुत सुदृढ़ हो वहां राजभवन और राजप्रासाद बनवाए जाएं। राजभवन से पूर्व और उत्तर भाग में आचार्य, पुरोहित के भवन, यज्ञशाला, जलस्थान और मन्त्रियों के भवन बनवाए जाएं। इसी प्रकार पूर्व और दक्षिण भाग में रसोईघर, हस्तिशाला और कोष्ठागार (भण्डार) हों। पश्चिम-दक्षिण

भाग में शस्त्रागार और घोड़ों, हाथी, ऊंट आदि के अस्तबल बनवाए जाएं। इसी प्रकार उत्तर-पश्चिम भाग में राजकीय पदार्थों के बेचने-खरीदने का बाज़ार और औषधालय होने चाहिए। उत्तर-पूर्व भाग में कोशगृह का निर्माण होना चाहिए।

राजा प्रत्येक दिशा में मुख्यद्वार पर उसके देवता की स्थापना करे। उत्तर का ब्रह्मा, पूर्व का इन्द्र, दक्षिण का यम और पश्चिम का सेनापति (कुमार) देवता है। परिखा से बाहर दो सौ गज की दूरी पर चैत्य, पुण्यस्थान, उपवन, सेतुबन्द आदि स्थानों की रचना और यथास्थान दिग्देवताओं की स्थापना की जाए।

नगर के उत्तर-पूर्व की ओर श्मशान का स्थान हो। दक्षिण दिशा में छोटे वर्णों का श्मशान बनाया जाए। चाण्डालों का निवास-स्थान इन्हीं श्मशानों के समीप हो।

शिल्पियों को उनके कार्य के अनुसार नगर के बाहर उचित स्थान दिए जाएं। यदि किसी के पास भूमि अधिक हो तो वह आज्ञा लेकर उसमें फूल, फल, सब्जी, धान्य तथा अन्य बेचने योग्य वस्तुओं की बगीची लगा सकता है। प्रत्येक दस घर के बाद कुएं की व्यवस्था हो।

प्रत्येक नगर में अन्न, घी, तेल, नमक, सूखे शाक, सूखा मांस, औषध, चारा, लोहा, लकड़ी, कोयला, चमड़ा आदि आवश्यक पदार्थों का इतना संग्रह कर लिया जाए कि वह कई वर्ष तक समय पर काम दे सके। जब कोई वस्तु बिगड़ जाए तो उसके स्थान पर नई ले ली जाए।

नगर के सब कार्यों की समुचित व्यवस्था के लिए और राष्ट्र के शासन के लिए योग्य एवं परीक्षित अध्यक्षों की नियुक्ति करे। राजा इन्हीं अध्यक्षों द्वारा पूजा के कल्याण वा हित का सम्पादन कर सकता है।

3. समाहर्ता, गाणनिक और सन्निधाता अध्यक्ष के कर्तव्य

एवं कुर्यात् समुदयं बुद्धिं चायस्य दर्शयेत्।
ह्रासं व्ययस्य च प्राज्ञः साधयेच्च विपर्ययम्॥

बुद्धिमान समाहर्ता कर संग्रह के कार्य को करे। वह सदा आय को बढ़ाने तथा व्यय को कम करने की चेष्टा करे।

समाहर्ता अध्यक्ष निम्नलिखित सात मार्गों से राष्ट्र की आय को एकत्र करे। इसे राष्ट्र का आय-शरीर कहा जाता है :

1. दुर्ग—इसमें शुल्क (चुंगी), दण्ड (जुर्माना), पौतव (तराजू-बाट)-अध्यक्ष, नगराध्यक्ष, लवणाध्यक्ष, मुद्राध्यक्ष, सुराध्यक्ष, सूनाध्यक्ष (फांसी देने

वाला), सूत्राध्यक्ष, सुवर्णाध्यक्ष, वास्तुक (शिल्पी), वेश्यागृह, द्यूतगृह आदि से प्राप्त आय सम्मिलित है।

2. राष्ट्र—इसमें कृषि-भाग (छठा भाग), बलि (उपहार आदि), कर (फल, वृक्ष आदि का कर), वणिक् (व्यापार-कर), नदीपालस्तर (नदी पार करने का टैक्स), नाव का कर, नगर से प्राप्त धन, पशुशाला से मिला हुआ धन, वर्तनी (मार्ग-कर) आदि से प्राप्त आय सम्मिलित हैं।
3. खनि—इसमें सोना, चांदी, हीरा, मणि, मोती, शंख, लोहा, नमक तथा अन्य खनिज पदार्थों की आय सम्मिलित है।
4. सेतु—इसमें फूल, फल, कन्दमूल आदि की आय सम्मिलित है।
5. वन—इसमें मृग, हाथी आदि पशु तथा लकड़ी की आमदनी सम्मिलित है।
6. व्रज—गाय, भैंस, बकरी, भेड़, गधा, ऊंट, घोड़ा, खच्चर आदि जानवर व्रज नाम से कहे गए हैं, क्योंकि ये अपने गोष्ठ में रहते हैं। इनकी आमदनी व्रज-आय कही जाती है।
7. वणिक्पथ—स्थलमार्ग और जलमार्ग—व्यापार के दो मार्ग हैं। इनकी आमदनी वणिक्पथ आय कही जाती है।

व्यय के मार्ग निम्नलिखित हैं—इन्हें राष्ट्र का व्यय-शरीर कहा जाता है :

1. देवपूजा, पितृपूजा, दान, स्वस्तिवाचन आदि धार्मिक कृत्यों पर व्यय।
2. अन्तःपुर, रसोईघर आदि निजी आवश्यकताओं पर व्यय।
3. कोष्ठागार, शस्त्रागार, पण्यगृह, कुप्यगृह आदि पर व्यय।
4. कर्मान्त (कारखाना), विष्ट (मजदूर) आदि पर व्यय।
5. घोड़ा, रथ, हाथी तथा पैदल सेना पर व्यय।
6. गाय, बैल आदि उपयोगी पशुओं पर व्यय।
7. लकड़ी, चारा आदि के संग्रह पर व्यय।

व्यय दो प्रकार का है—नित्य, जो प्रतिदिन होता रहता है और लाभ, जो पक्ष, मास या वर्ष में एक बार होता है। समस्त व्यय करने के बाद जो आय का शेष बचता है, उसे नीवी कहते हैं। समाहर्ता इस नीवी की वृद्धि में सदा सचेष्ट रहता है।

गाणनिक अध्यक्ष का कर्तव्य है कि समाहर्ता से संग्रहीत आय तथा व्यय का हिसाब रखे। इस अध्यक्ष के विभाग को अक्षपटल नाम से कहा गया है। गाणनिक की सहायता के लिए अनेक अन्य कर्मचारी होते हैं, जो निबन्ध-पुस्तकों

(रजिस्टरों) में राज्य के व्यय का सारा ब्योरा रखते हैं। भिन्न-भिन्न अधिकरणों से प्राप्त धन का विवरण पृथक्-पथक् पुस्तकों में रखा जाता है।

जो आय प्राप्त हो चुकी हो उसे सिद्ध कहते हैं; जो आय प्राप्त करनी हो उसे करणीय कहते हैं; जो गत वर्ष से बची हो उसे शेष कहते हैं।

राजा अक्षपटल में अनुभवी लेखकों, कर्मचारियों और अधिकारियों को ही नियुक्त करे। प्रत्येक कर्मचारी अपना कार्य ठीक-ठीक कर रहा है या नहीं—इसका पता राजा गुप्तचरों द्वारा प्राप्त करे। जो अध्यक्ष अज्ञानी या प्रमादी होगा, वह अपनी मूर्खता और आलस्य से राष्ट्र की बड़ी हानि कर सकता है। ऐसे अयोग्य अधिकारी को उचित दण्ड देकर पृथक् कर देना उचित है।

गणना के छोटे कर्मचारी आषाढ़ के महीने में वर्ष की समाप्ति पर बड़े कार्यालय में आकर हिसाब का मिलान करें। गाणनिक उन कर्मचारियों के रजिस्टरों पर मुहर लगाकर, जब तक उनसे राज्य की वस्तु और शेष धन लेकर कोष (खजाने) में दाखिल न कर दिया जाए तब तक उनको परस्पर वार्तालाप न करने दे।

क्रम के विरुद्ध, उलट-पलटकर, विपरीत लिख देने, अज्ञान से इधर-उधर रजिस्टर में डाल देने या दो बार लिख देने वाले कर्मचारी पर बारह मुद्रा दण्ड देना चाहिए। नीवी (शेष धन) को न लिखने वाले पर दुगुना दण्ड होना चाहिए। जो बचे राजधन को खा जाए, उस पर रकम से आठगुना दण्ड होना चाहिए।

राजा अध्यक्ष के छोटे-छोटे अपराधों को क्षमा कर दे। यदि अध्यक्ष का कार्य संतोषजनक हो तो उस पर प्रसन्नता प्रकट करे। यदि किसी अध्यक्ष ने राजा का बहुत उपकार किया हो तो उसको सम्मान तथा पुरस्कार से पूजित करे।

सन्निधाता अध्यक्ष प्राप्त हुई आमदनी का राज-कोष में सञ्चय करता है। इसे कोषाध्यक्ष कहना अधिक उचित होगा। कोषगृह के अतिरिक्त यह पण्यगृह (राजकीय विक्रय वस्तुगृह), कुप्यगृह (धातुशाला), कोष्ठागार (अन्न-घृतादि का भंडार) एवं शस्त्रागार का भी अधिष्ठाता होता है।

सन्निधाता कोष में परीक्षकों से परीक्षित सुवर्ण मुद्राओं को ग्रहण करे। जो मुद्राएं अशुद्ध हों, उन्हें काट दे। बनावटी सिक्के बनाने वालों को उचित दण्ड दिया जाए।

इसी प्रकार शुद्ध और नये धान्य का कोष्ठागार में संग्रह किया जाए। जो इसमें गड़बड़ी करे, उसपर उसके मूल्य से द्विगुण दण्ड (जुर्माना) लगाया जाए।

पण्य, कुप्य और शस्त्रों का संग्रह अपने-अपने आगारों में किया जाए। इनमें भी जो कोई छल-कपट करे, उसे राजा की तरफ से उचित दण्ड दिया जाए।

यदि कोषाध्यक्ष किसी ढंग से कोष का अपहरण करे, तो उसे प्राणदण्ड देना चाहिए। उसके साथी पुरुषों को आजीवन कैद का दण्ड देना चाहिए। यदि अज्ञान से कोष का अपहरण हुआ हो, तो अधिकारियों को फटकारकर सावधान कर देना चाहिए।

सारे राज्य-कार्यों का आधार कोष है, इसलिए राजा सर्वप्रथम कोष का ध्यान रखे और सर्वदा उसकी देख-रेख करता रहे।

जिस अध्यक्ष की आमदनी थोड़ी और व्यय अधिक दिखाई दे, तो समझ लो कि वह राज्य के धन का अपहरण करता है, या प्रजा को पीड़ित करता है। यदि जितनी आमदनी है उतना ही उसका व्यय दिखाई दे तो समझ लो कि वह राज्य के धन का गबन नहीं करता और न उत्कोच (रिश्वत) लेता है। परन्तु आचार्य कौटिल्य का कथन है कि धन-अपहरण करने वाला भी थोड़ा खर्च रख सकता है। अतः अपसर्पों अथवा गुप्तचरों द्वारा ही ठीक पता लगाना आवश्यक है कि कोई राजकर्मचारी राज्य-द्रव्य का अपहरण कर रहा है या नहीं।

राजकर्मचारियों की भ्रष्टाचारिता के सम्बन्ध में आचार्य कौटिल्य का दृढ़ मन्तव्य है कि :

यथा ह्यनास्वादयितुं न शक्यं
जिह्वातलस्थं मधु वा विषं वा।
अर्थस्तथा ह्यर्थचरेण राज्ञः
स्वल्पोऽप्यनास्वादयितुं न शक्यः॥

जैसे जिह्वा पर रखे हुए मधु वा विष का स्वाद लिए बिना नहीं रहा जा सकता, इसी प्रकार अर्थाधिकार पर नियुक्त पुरुष द्वारा, बिना थोड़ा भी धन उपभोग किए रहा नहीं जा सकता। वे अवश्य ही यत्किञ्चित् धन का अपहरण करते ही रहते हैं।

मत्स्याः यथान्तःसलिलं चरन्तो
ज्ञातुं न शक्याः सलिलं पिबन्तः।
युक्तास्तथा कार्यविधौ नियुक्ताः
ज्ञातुं न शक्याः धनमाददानाः॥

जिस प्रकार पानी में प्रविष्ट मछली पानी पीती दिखाई नहीं देती, इसी तरह छोटे-छोटे अध्यक्ष, अपने-अपने कार्य पर नियुक्त हुए, राज्य के धन का अपहरण करते हुए जाने नहीं जा सकते।

अपि शक्या गतिर्ज्ञातुं पततां खे पतत्रिणाम्।
न तु प्रच्छन्नभावानां युक्तानां चरतां गतिः॥

आकाश में उड़ने वाले पक्षियों की गति का पता रखा जा सकता है, परन्तु, गुप्त रूप से राजा के धन को अपहरण करने वाले इन छोटे-छोटे अध्यक्षों वा कर्मचारियों की गति का पता लगाना बड़ा ही कठिन कार्य है।

आचार्य कौटिल्य का कथन है कि जब राजा ऐसे अध्यक्षों का पता लगा ले, तो उन धनसम्पन्न अधिकारियों के धन को छीन ले और उनके पद से नीचे गिरा दे, जिससे वे आगे धन का अपहरण न कर सकें और जो अपहरण कर लिया हो, उसे उलटा उगल दें।

जो अधिकारी राज्य के धन का अपहरण न करके, न्यायानुसार अपनी और राजा की वृद्धि करते हैं, राजा उनको सर्वदा उच्च्य पद पर नियत रखे, क्योंकि वे राजा के हित पर तत्पर हैं।

4. पण्याध्यक्ष, पौतवाध्यक्ष और शुल्काध्यक्ष के कर्तव्य

स्थूलमपि लाभं प्रजानामौपघातिकं वारयेत्।

यदि किसी व्यवहार में राजा को मोटा लाभ होता हो, परन्तु प्रजा की हानि होती हो, राजा उस व्यवहार का परित्याग कर दे।

राजकीय बेचने योग्य वस्तुओं के अध्यक्ष को पण्याध्यक्ष कहते हैं। वह राज्य के क्रय-विक्रय व्यवहार का अधिष्ठाता होता है।

पण्याध्यक्ष अपने देश में उत्पन्न तथा बाहर के देशों से आने वाली वस्तुओं का पूरा ज्ञान रखे। प्रजा में उनकी कितनी मांग है, अथवा कितनी प्रियता वा अप्रियता है—इसका भी पूर्ण परिचय प्राप्त करे। राज्य के लिए किस पदार्थ का अधिक और किस का अल्प संग्रह करना आवश्यक है, किसको रखना और किसको बेच देना उचित है—इन सब व्यवहारों का पण्याध्यक्ष को अनुभव होना चाहिए।

जो विक्रेय वस्तु अधिक हो, उसकी खरीद करने के अनन्तर पण्याध्यक्ष व्यापार-कौशल से उसके दाम बढ़वा देने और बेचने के अनन्तर फिर उसके दाम गिरवा देवे। जो अपनी भूमि में उत्पन्न विक्रेय वस्तु हो, उसे एक ही स्थान पर बिकवाए। अन्य देशोत्पन्न वस्तुओं को पृथक्-पृथक् स्थानों पर बेचने का प्रबन्ध करे। दोनों प्रकार की वस्तुओं को बेचने, बिकवाने में राजा को प्रजा के लाभ

का अवश्य ध्यान रखना चाहिए। यदि किसी व्यवहार में राजा को मोटा लाभ होता हो, परन्तु प्रजा की हानि होती हो, राजा उस व्यवहार का परित्याग कर दे। शीघ्र बेचने योग्य (फल, सब्जी आदि) वस्तुओं के बेचने में देर नहीं करनी चाहिए। न ही उन्हें बेचने का एकाधिकार कुछ व्यक्तियों को मिले। अनेक स्थानों पर बिकने वाली राजकीय वस्तुओं को व्यापारी नियत भाव पर बेचें।

जो व्यापारी बाहर से मंगाकर वस्तुओं को देश में बेचें, पण्याध्यक्ष उनको यथासम्भव रियायतें दे। उन पर आयात-कर कम लगाया जाये, जिससे वे कुछ लाभ पैदा कर सकें।

राजकीय वस्तुओं को बेचने वाले व्यापारी, सायंकाल आठवें पहर में पण्याध्यक्ष के पास बिक्री का सब रुपया लकड़ी की एक पेटी में रखकर उपस्थित हों और कहें, इतना बिक गया है और इतना बाकी है। व्यापारी माप-तोल के बाटों को भी उसे वहां पर लौटा दें।

पण्याध्यक्ष राजकीय वस्तुओं को बाहर के देशों में बिकवाने का भी प्रबन्ध करे। वह इन सब बातों का ध्यान कर ले कि उसे मार्ग में कौन-से कर (शुल्क) देने होंगे—सामान ले जाने पर कितना व्यय होगा—विदेश के राजा को क्या भाग देना होगा इत्यादि। यदि यह सब सोचकर निर्यात व्यापार से लाभ दिखाई देता हो, तभी उन वस्तुओं को बाहर भेजे, अन्यथा नहीं। स्थल मार्ग की अपेक्षा नदी अथवा समुद्र-मार्ग से वस्तुओं को ले जाना अल्प व्ययसाध्य होता है और मार्ग में चोर, डाकू आदि का भय भी कम होता है।

पण्याध्यक्ष को नदी-पथों का पूर्ण ज्ञान होना चाहिए, विदेशों में अपनी वस्तुओं की मांग तथा उनके व्यवहार का भी उसे ठीक बोध होना चाहिए। जहां लाभ हो, वहीं जाना चाहिए। अलाभ के स्थान को दूर से ही छोड़ देना उचित है।

तोल-नाप के अधिकारी को पौतवाध्यक्ष कहते हैं। पण्य पदार्थों के क्रय-विक्रय में व्यापारी लोग ठीक नाप-तोल करते हैं या नहीं और उनके बाट आदि पूरे परिमाण के हैं या नहीं—इसका निरीक्षण करना पौतवाध्यक्ष का कर्तव्य है।

तोलने के बाट (प्रतिमान) लोहे के बनने चाहिए या मगध और मेकल देश के दृढ़ पत्थर से बनवाए जाएं। यह भी ध्यान रखना चाहिए कि बाट पानी या अन्य लेप से वृद्धि को प्राप्त न हों तथा गर्मी से क्षीण न हो जाएं।

सोना, चांदी आदि कीमती धातुओं को तोलने के लिए छः से आठ अंगुल की तराजू बनानी चाहिए, जिससे रत्ती (गुंजा) और माशे (माषक) तक का नाप हो जाए।

काष्ठ की तुला आठ हाथ होनी चाहिए। इसके बाट पत्थर के होते हैं। इनमें ईंधन, अनाज आदि भारी वस्तुएं तोली जाती हैं। व्यावहारिकी नाम की तुला दूकानों पर वस्तुओं को सेरों में तोलने के लिए होती है। आयमानी नाम की तुला लोहा तोलने के लिए प्रयोग की जाती है। दूध, घृत, तेल आदि द्रव पदार्थों के नापने के लिए सूखी बढ़िया लकड़ी का बना हुआ, नीचे-ऊपर से बराबर, मान-पात्र बनाना चाहिए। प्रत्येक द्रव पदार्थ को पात्र की शिखा तक नापना चाहिए। द्रोण नाम से प्रथम छोटा नाप होता है। सोलह द्रोण की एक खारी होती है। बीस द्रोण का एक कुम्भ तथा दस कुम्भों का 'वह' नाम का नाप होता है।

बाट और नाप पौतवाध्यक्ष द्वारा मुद्रित होने चाहिए। जो व्यापारी सरकारी मुद्रा से चिह्नित प्रतिमानों के अतिरिक्त प्रतिमानों का प्रयोग करेगा, वह दण्डभागी होगा। पौतवाध्यक्ष किसी समय भी इन प्रतिमानों का निरीक्षण कर सकता है। प्रतिमानों को मुद्रित कराने के लिए अध्यक्ष को प्रतिदिन कर काकिणी (कौड़ी) के हिसाब से शुल्क देना होगा।

घी तोलते समय 1/32 भाग, तेल तोलते समय 1/64 भाग तथा अन्य द्रव पदार्थों को तोलते समय 1/50 भाग—बचे हुए पदार्थ के तप्तव्याजी (क्षति-पूर्ति) के रूप में व्यापारी को देना होगा—क्योंकि द्रव पदार्थों का उतना-उतना अंश मान-पात्रों में लगा रह जाता है।

इस प्रकार पौतवाध्यक्ष क्रय-विक्रय व्यवहार की सत्यता का नियंत्रण करता रहे और आकस्मिक निरीक्षण द्वारा व्यापारियों पर शासन का अंकुश स्थापित रखे।

नगर में बाहर से आने वाली पण्य वस्तुओं पर जो कर लिया जाता है, उसे शुल्क कहते हैं। इस कर का संग्रह करने वाले अधिकारी को शुल्काध्यक्ष कहते हैं।

नगर के महाद्वार के पास शुल्क शाला का निर्माण कराया जाए, जिसके पास एक स्तम्भ पर ध्वजा लटकी हो। जब व्यापारी लोग पण्य पदार्थ लेकर महाद्वार पर पहुंचें, शुल्क ग्रहण करने वाले उन व्यापारियों का नाम लिख लें और यह भी अंकित कर लें कि वे कहां से आ रहे हैं और क्या वस्तु लाए हैं। ध्वजा-स्तम्भ के समीप खड़े होकर व्यापारी लोग लाए हुए सामान की घोषणा करें। वे यह घोषित करें कि प्रत्येक वस्तु कितनी मात्रा में है और कितनी कीमत की है। शुल्काध्यक्ष वस्तुओं के मूल्य के अनुसार उनपर शुल्क निश्चित करेगा और प्रत्येक वस्तु को राजमुद्रा से चिह्नित कर देगा। निश्चित शुल्क देकर व्यापारी अपना सामान

नगर में ले जा सकेंगे। जो व्यापारी बिना शुल्क दिए ध्वजा-स्तम्भ से पार चले जाएंगे उन्हें आठगुना शुल्क देना पड़ेगा।

निम्नलिखित वस्तुओं पर शुल्क ग्रहण नहीं किया जाएगा—विवाह के लिए आवश्यक सामान जो कन्या को दान में दिया गया हो, जो भेंट में मिला हो, जो यज्ञ और प्रसव (शिशु-उत्पत्ति) के निमित्त हो एवं जो देवपूजा, चौल (मुण्डन), उपनयन, गोदान, धार्मिक दीक्षा, व्रत आदि के सम्बन्ध में हो।

जो अन्य कार्य या व्यापार आदि के माल को भी विवाह आदि से सम्बन्ध रखने वाला बताए, उसे राजा चोरी का दण्ड दे। शुल्क दिए हुए माल के साथ बिना शुल्क दिए माल, मुहर लगे माल के साथ बिना मुहर लगे माल को छिपाकर धोखे से ले जाने वाले व्यापारी से वह वस्तु छीन ली जाए और उसका आठ गुना शुल्क वसूल किया जाए। जो मनुष्य चुंगी के माल को भुस-तुड़ी आदि चीज़ों में भरकर निकाल ले जाने की चेष्टा करे, उस पर भारी जुर्माना लगाया जाए।

जो मनुष्य वस्त्र, चर्म, कवच, लोह, रथ, रत्न, धान्य और पशु आदि को जिनकी राजा ने आने-जाने की बन्दी कर दी हो—इनमें से कोई लाए या ले जाए तो उसको राजकीय दण्ड दिया जाए और उसकी वस्तु जब्त कर ली जाए।

बिक्री का माल ले जाने वाली गाड़ी आदि वाहनों से अन्नपाल (सीमा-रक्षक) सवापण अपनी वर्तनी (मार्ग का कर) ले लेवे। घोड़े, खच्चर, गदहे आदि पर एक पण; बैल आदि पशुओं पर आधा पण; बकरी, भेड़ आदि पशुओं पर चौथाई पण और कन्धे पर माल ले जाने वाले पर एक माषक (तांबे का सिक्का) कर लगाया जाना चाहिए।

यदि किसी व्यापारी की कोई वस्तु खो जाए तो उसको ढूंढ़कर या चोरों से छीनकर अन्नपाल दिलाए या आप फैसला करे, क्योंकि यह उसी की जिम्मेवारी है। विदेश से आने वाले सार्थ (गिरोह) के घटिया या बढ़िया माल को जांचकर अन्नपाल उस पर अपनी मुहर लगा दे और शुल्काध्यक्ष के पास जाने की उनकी सूचना दे। व्यापारी के वेश में रहने वाले गुप्तचर यथासमय इन व्यापारियों की चेष्टाओं की राजा को सूचना देते रहें।

राष्ट्र को पीड़ित करने वाले और अच्छा फल न देने वाले विष आदि पदार्थों को राजा नष्ट करवा दे और उन्हें प्रवेश न करने दे। जो माल प्रजा का महान् उपकार करने वाला हो, जैसे अन्न, औषधि इत्यादि, उसे बिना शुल्क ही अपने देश में आने दे।

5. सीताध्यक्ष, गोऽध्यक्ष और सूताध्यक्ष के कर्तव्य

प्रजापतये काश्यपाय देवाय च नमः सदा।
सीता मे ऋध्यतां देवी, बीजेषु च धनेषु च ॥

प्रजापति काश्यप देव को सदा नमस्कार है। उसके अनुग्रह से मेरी कृषि धान्य से परिपूर्ण होवे। यह कृषि देवता मेरे बीजों और धन में निवास करे।

हल चलाने से उत्पन्न होने वाले पदार्थों को सीता कहा जाता है। इस सीता अर्थात् कृषिकर्म के अध्यक्ष को सीताध्यक्ष कहते हैं।

सीताध्यक्ष कृषिशास्त्र एवं वनस्पति विज्ञान का पंडित हो। वह अन्य अनुभवी कर्मचारियों की सहायता से धान्य, पुष्प, फल, शाक, कन्द, मूल, बेल, सन, कपास आदि के बीजों का यथासमय संग्रह करे। इन बीजों को बहुत बार हल जोती हुई भूमि में दास, मजदूर अथवा कैदियों द्वारा बोने का प्रबन्ध कराए। कर्षक यन्त्र (खेत जोतने के विशेष यन्त्र) तथा बैलों आदि की कमी इन्हें न होने दे। लुहार, बढ़ई, गड्ढा खोदने वाले वा भरने वाले, रस्सी बटने वाले तथा सर्प पकड़ने वाले की सहायता भी इन्हें यथेष्ट प्राप्त हो।

भूमि-सिंचन के लिए पर्याप्त वर्षा का होना भी आवश्यक है। जल-प्रदेशों में सोलह द्रोण वर्षा पर्याप्त है। खुश्क प्रदेशों में चौबीस द्रोण वर्षा का होना आवश्यक है। नहरी प्रदेश में समय-समय पर साधारण वर्षा कृषि के लिए पर्याप्त मानी गई है।

यदि कुल वर्षा की एक तिहाई वर्षा ऋतु के आरम्भ तथा अन्त में हो और दो तिहाई मध्य में हो, उसे कृषि के लिए अति उत्तम माना गया है।

सात दिन में तीन बार वर्षा होना उत्तम है। सारी वर्षा ऋतु में अस्सी बार बूँदों की वर्षा होनी चाहिए। साठ बार धूप खिल गई और फिर साधारण वर्षा हो गई—इस तरह बरसना चाहिए। यह वर्षा अत्युत्तम मानी गई है।

वायु के चलने और धूप के खिलने को अवकाश देकर तथा तीन बार हल चलाने का अवसर छोड़कर जहां वर्षा होती है, वहां निश्चय ही अन्न की प्रचुर उत्पत्ति होती है।

जिस देश में जैसी वर्षा हुई हो, उसी के अनुसार बीज भी बोना चाहिए। शाली, व्रीहि (चावल), तिल, प्रियंगु (कंगनी) आदि वर्षा के पूर्व काल में अधिक बरसने पर बो देने चाहिए। मूंग, उड़द आदि—मध्य में बरसने पर बोने चाहिए।

गेहूं, जौ, मटर, मसूर, अलसी और सरसों आदि वर्षाकाल के अन्त में अच्छी वर्षा होने पर बोने उचित हैं।

जो खेत बोये न गए हों, उन्हें सीताध्यक्ष आधी-बटाई पर अन्य किसानों को बोने के लिए दे दे। जो अपने परिश्रम से ही अपना निर्वाह करते हैं उन्हें बोई हुई जमीन की पैदावार का 1/4 या 1/5 भाग अवश्य देना चाहिए।

किसान यदि अपने ही सेतुओं (तालाबों) से स्वयं सिंचाई का प्रबन्ध करें, तो वे राजा को उत्पत्ति का पांचवां भाग दें। यदि सरकारी तालाबों से जल लाया जाए, तो राजा को चौथा भाग देना उचित है। यदि नहरों द्वारा खेती को सींचा गया हो तो राजा को उपज का तीसरा भाग मिलना चाहिए।

लाभ की दृष्टि से चावल बोना सर्वश्रेष्ठ है। गेहूं बोना मध्यम है। ईख की खेती अधम मानी गई है क्योंकि ईख के बोने में बड़ा श्रम, कीड़े आदि की बाधा और अधिक व्यय होता है।

जल प्रदेश ककड़ी आदि फलों के लिए उत्तम है। नदी के प्रवाह से सींचा हुआ प्रदेश अंगूर और ईख के लिए उपयोगी है। शाक, मूल आदि के लिए कूप-जल श्रेष्ठ माना गया है।

धान के बीजों को रात के समय ओस में और दिन के समय धूप में सात दिन-रात तक रखना चाहिए। मूंग, उड़द आदि को तीन या पांच रात तक ओस में रखना और दिन में धूप में सुखाना चाहिए। ईख को मधु, घृत और सूअर की चर्बी के साथ गोबर लपेटकर सुरक्षित रखना योग्य है। गुठली के भीतर निकलने वाले बीजों को गोबर में मिलाकर रखे। आम, कटहल आदि के बीजों को गौ की अस्थि या गोबर से धोने के बाद गढ़े में कुछ सेंकना उचित है।

कपास के बीज (बिनौले) और सांप की केंचुली को इकट्ठा कर लें। जहां इन दोनों का धुआं दिया जाएगा, वहां पर सर्प नहीं ठहरेगा।

समय पर उत्पन्न हुए अन्नादि को चतुर मनुष्य सुरक्षित स्थानों पर संगृहीत करें। खेत में पीछे जो पयाल (तुष) आदि असार वस्तुएं बचें, उन्हें भी बुद्धिमान पुरुष न छोड़ें।

फसल कटने पर अनाज के ऊंचे-ऊंचे ढेर बना देने चाहिए। ये ढेर परस्पर समीप नहीं होने चाहिए। उनकी चोटियां छोटी और नीची नहीं होनी चाहिए। धान कूटने के खलिहान पास-पास होने चाहिए। वहां काम करने वाले मजदूर पानी हमेशा अपने साथ रखें। खलिहानों के नजदीक आग कभी नहीं जलानी चाहिए।

सीताध्यक्ष इस प्रकार बीज बोने से लेकर धान्य तैयार होने तक, कृषि की राष्ट्र में पूर्ण सुव्यवस्था करे।

कृषि की उन्नति के लिए पशुपालन अत्यन्त आवश्यक है। पशुपालन के अधिष्ठाता को गोऽध्यक्ष कहते हैं।

(1) गोपालक, पिण्डारक (भैंस-पालक), दोहक, मन्थक (मथने वाला) और लुब्धक (जंगली जीवों से गायों को बचाने वाला) ये पांच मनुष्य सौ-सौ गौ आदि पशुओं की रक्षा पर नियुक्त किए जाएं। इन्हें राज्य से नकद वेतन दिया जाए। यदि इनका दूध या घृत में भाग रखा जाएगा, तो वे बछड़ों को भूखा मार देंगे। ऐसे गो-रक्षकों को वेतनोपग्राहिक (वेतन लेने वाला) कहा जाता है।

(2) जब सौ गायों को एक ही पालक के निरीक्षण में रखा जाता है, जो बदले में घी की निश्चित राशि तथा पशुचर्म राजकोष में देता है—ऐसे ढंग को कर-प्रतिकर कहते हैं।

(3) जो राज्य द्वारा दी गई बीमार, अंगहीन, एक से दुही जाने वाली, कठिनाई से दुही जाने वाली एवं मृतवत्सा—इन पांच प्रकार की गायों के बीस-बीस को मिलाकर, सौ गायों का पालन करता है, उसे भग्नोत्सृष्टक कहते हैं। वह उनसे उत्पन्न घृत आदि की निश्चित राशि को राजकोष में प्रति वर्ष जमा कर देता है।

(4) जो शत्रु के आक्रमण अथवा जंगली जन्तुओं के भय से अपने पशुओं को राजकीय गोशाला में भेज देता है और उनके पालन का व्यय राजकीय कोष में जमा करा देता है, उसे भागानुप्रविष्टक कहते हैं। गोऽध्यक्ष ऐसी गौशालाओं का स्वयं सीधा प्रबन्ध करता है।

बैल छः प्रकार के होते हैं—वत्स (दूध पीने वाला), वत्सतर (दूध छोड़ देने वाला), दम्य (हल में चलने योग्य), वाहन (बोझ ढोने में समर्थ), वृष (सवारी का बैल) और उक्षाण (सांड़)। गो-संवर्द्धन के लिए हृष्ट-पुष्ट बैलों की रक्षा करना भी गोऽध्यक्ष का कर्तव्य है। ऐसे बैलों को हरी घास, खल, दाना, कुट्टी, नमक, तेल, जौ, उड़द तथा आधा पका हुआ अन्न पर्याप्त मात्रा में देना चाहिए। खेती में काम करने वाले बैलों को भी यथेष्ट खाद्य-सामग्री देनी चाहिए।

खर और अश्वों के झुण्ड में प्रतिशत पांच सांड़ पर्याप्त हैं। भेड़ और बकरियों में प्रतिशत दस गर्भ-स्थापन करने वाले मेंढे और बकरे होने उचित हैं। गाय, भैंस और ऊंटों के झुण्ड में प्रतिशत चार सांड़ (गर्भधारक) पर्याप्त हैं।

जो मनुष्य यूथ के वृष को किसी दूसरे वृष (सांड़) से लड़ाये या सांड़ को मार डाले—उसे उत्तम साहस दण्ड (बहुत भारी सज़ा) होना चाहिए।

जो गाय को मारे या मरवाए, हरण करे या करवाए उसे मृत्यु-दण्ड होना चाहिए।

गोपालक बाल, वृद्ध और बीमार पशुओं की भी यथोचित देख-रेख रखें। वे गायों को लुब्धकों (शिकारियों द्वारा चोर, सिंह, सर्प, व्याल आदि हिंसक पशुओं से रहित किए गए वनों में चराने के लिए ले जाएं। इन पशुओं को डराने के निमित्त तथा गोचर भूमि के ज्ञान के निमित्त, डरने वाली गायों के गले में घण्टा बांध दें। गोपालक लोग गायों को समप्रदेश, अच्छी तरह उतरने योग्य, कीचड़ आदि से हीन, ग्राह के भय से मुक्त तालाबों में जल पीने के लिए उतारें और जलपान कराकर हरी घास वाली चरागाहों में छोड़ दें।

हिंस्र जन्तु अथवा चोर से पकड़े हुए तथा व्याधि या बुढ़ापे से मरे हुए पशु की फौरन गोऽध्यक्ष को सूचना कर दें, अन्यथा उन्हें पशु के मूल्य का रुपया देना पड़ेगा। किसी कारण से मरी हुई गौ-भैंस आदि का अंकित चर्म, अजा और भेड़ों के चिह्नित कान, अश्व, खर, ऊंट आदि की अंकित पूंछ जाकर गोऽध्यक्ष को दिखानी चाहिए। मृत पशु के गीले या सूखे मांस को बेच देना चाहिए।

वर्षा, शरद् और हेमन्त ऋतुओं में गायों को दोनों समय दुहा जाए। शिशिर, वसन्त और ग्रीष्म में एक काल दुहना चाहिए। द्वितीय काल में दूध निकालने वाले को अंगुष्ठछेदन का दण्ड होना चाहिए।

गौ-बैल की समृद्धि से कृषि की समृद्धि होती है और कृषि की समृद्धि से देश समृद्ध होता है। अतः गोऽध्यक्ष गोपालन के कार्य में सदा तत्पर रहे। इसी में धनधान्य की प्रचुरता और प्रजा में आनन्द रहता है।

सूनाध्यक्ष का कर्तव्य अवध्य पशु-पक्षियों की रक्षा करना तथा वध्य पशुओं को मरवाने का प्रबन्ध करना है।

सरकारी तौर से जिनके नहीं मारने की घोषणा की गई हो, उनको तथा तपोवन निवासी मृग, पशु-पक्षी और मछलियों को जो पकड़ता या मारता है—उस पर सूनाध्यक्ष 'उत्तम साहस दण्ड' देने की व्यवस्था करे। खुले जंगल में हिंसक जानवरों को मारने पर कोई दण्ड नहीं दिया जाए। सूनाध्यक्ष ऐसे मारे हुए जानवरों के मूल्य का छठा भाग कर के रूप में ग्रहण करे।

क्रौंच, कुरर, हंस, चक्रवाक, जीवजीवक, चकोर, मत्तकोकिल, मोर, तोता, मैना आदि क्रीड़ायोग्य तथा अन्य सुन्दर पक्षियों की, हिंसा करने वाले दुष्ट प्राणियों से रक्षा करनी चाहिए। यदि सूनाध्यक्ष इनकी रक्षा करने में कोई प्रमाद करे, तो उसे राजा की तरफ से दण्ड मिलना चाहिए।

बछड़ा, वृष और गाय सदा अवध्य है; जो पुरुष इन्हें मारे उस पर पचास पण (स्वर्ण-मुद्रा) का दण्ड होना चाहिए। जो मनुष्य अन्य पशुओं को भी क्लेशपूर्वक मारता है, उस पर भी पचास मुद्रा का दण्ड होना चाहिए। सूनास्थान में अन्यत्र मारे हुए पशु का मांस तथा सिर और अस्थिहीन मांस, दुर्गन्धपूर्ण मांस और स्वयं मरे हुए पशु आदि का मांस नहीं बेचना चाहिए। यदि कोई ऐसा करे तो उस पर बारह पण दण्ड होना उचित है। सूनाध्यक्ष सदा अपने निरीक्षण में ही बेचने योग्य मांस की व्यवस्था करे।

दुष्ट जन्तु सिंह आदि; मृग, नीलगाय आदि; व्याल, सर्प आदि तथा उभयचारी मत्स्य आदि ये सब सुरक्षित वनों से अन्यत्र प्राप्त हों तो मारे या पकड़े जा सकते हैं। राजा के सुरक्षित वनों में सिंह आदि हिंसक जन्तु तथा मृग आदि साधारण जन्तुओं को भी मारने की आज्ञा नहीं होती। इन सुरक्षित स्थानों के अतिरिक्त स्वच्छन्द घूमने वाले जंगली पशु-पक्षियों का वध या बन्धन नहीं किया जा सकता।

6. सूत्राध्यक्ष, सुराध्यक्ष और गणिकाध्यक्ष के कर्तव्य

सूत्राध्यक्षः सूत्रवर्मवस्त्ररज्जु व्यवहारं तज्जैः पुरुषैः कारयेत्।

सूत्राध्यक्ष ही सूत्र (तन्तु) कवच, वस्त्र और रज्जु बनवाने का कार्य, उस कार्य में कुशल पुरुषों द्वारा करवाए।

ऊन, छाल के रेशे, कपास, सन और क्षौमों (रेशम का धागा) को सूत्राध्यक्ष विधवाओं, अंगहीन स्त्रियों, कन्या, संन्यासिनी, कैदिन, वेश्याओं की वृद्धा माता, वृद्ध राजदासी तथा देवस्थान से बहिष्कृत देवदासियों द्वारा करवाए। सूत की सफाई, मुटाई और गोलाई देखकर, सूत्राध्यक्ष इनकी भृति (मजदूरी) का निर्णय करे। यदि दिए हुए कच्चे माल से उनका सूत कम उतरे तो उतना ही उनका वेतन या मजदूरी कम कर देनी चाहिए।

सूत्राध्यक्ष अनुभवी कारीगर पुरुषों से भी काम करवाए और उनसे रेशमी वस्त्र, ऊनी कपड़े तथा रंकु हरिण के रोमों के वस्त्र बनवाए। इन कारीगरों को उचित वेतन देकर संतुष्ट रखे। यदि छुट्टीवाले दिन वे काम करें तो उन्हें विशेष वेतन दे।

जो स्त्रियां घर से बाहर नहीं निकलतीं, पति के परदेश जाने से असहाय हैं और अपना उदर स्वयं भरना चाहती हैं—सूत्राध्यक्ष उनके पास अपनी दासी भेजकर आदर के साथ उनसे कार्य करवाए। जो स्त्रियां स्वयं सूत्रशाला में आएं,

उनके परिश्रम का वेतन शीघ्र देकर सूत्राध्यक्ष कता हुआ सूत्र लेवे और अन्य रुई आदि दे देवे। सूत्रशाला में दीपक का उतना ही प्रकाश रहना चाहिए, जितने में सूत्र काता जा सके। कोई भी पुरुष किसी स्त्री के मुख की ओर न देखे और न बातचीत करे; जो इस नियम का उल्लंघन करे उसे उचित दण्ड दिया जाए। जो सूत्राध्यक्ष कारीगरों को वेतन देने में देर करे या बिना काम के वेतन दे दे उसे भी दण्ड दिया जाए। वेतन लेकर काम न करने वाले कारीगर की अंगुलियां कटवा देनी चाहिए। जो राजकीय द्रव्य को खा जाएं, अपहरण कर लें, उन्हें भी भारी दण्ड देना चाहिए।

सूत्राध्यक्ष सन से रस्सियां बनवाए, बेंत और बांसों के रेशों से घोड़ा बांधने वाली शृंखलाएं बनवाए। वल्क अथवा वृक्ष की छालों से कवच तथा रथ के प्रसाधन वस्त्रों को बनवाए।

कुटुम्बिनः कृत्येषु श्वेतसुरामौर्षधार्थं वारिष्टमन्यद् वा कर्तुमालभरेन्। उत्सवसमाजयात्रासु चतुरहः सौरिको देवः।

गृहस्थी लोग उत्सव (विवाह आदि) के समय पर ही श्वेत सुरा का उपयोग करें। ओषधि के निमित्त अरिष्ट या अन्य सुरा का व्यवहार किया जा सकता है। वसन्त आदि उत्सव, समाज (पंचायत), देवयात्रा आदि के समय पर—सुराध्यक्ष लोगों को सुरा पीने की चार दिन की छुट्टी दे।

सुराध्यक्ष सुरा बनवाने और उसके बेचने का व्यवहार दुर्ग, राष्ट्र (ग्राम) अथवा स्कन्धावार (छावनी) में करवाए। इसे बनवाने का ठेका भी दिया जा सकता है। ठेकेदारों के अतिरिक्त जो सुरा बनाए, उस पर सौ पण जुर्माना लगाया जाए। सुरापान किए हुए पुरुषों को उत्सव आदि में प्रविष्ट नहीं होने देना चाहिए। इसे पीकर कर्मचारी अपने कार्य में भूल कर सकते हैं। बड़े-बड़े उत्तम पुरुष भी सुरापान द्वारा अपनी मर्यादा को छोड़ बैठते हैं और तीक्ष्ण तथा उद्धत मनुष्य तो शस्त्रों का अनुचित प्रयोग भी कर बैठते हैं। जो पीने वाले हैं, जाकर सुरापान करें और जब तक उनका नशा रहे वे पानालयों से कहीं भी न जाएं।

निक्षेप (धरोहर), उपनिधि (गिरवी का माल), प्रयोग (अमानत), चोरी आदि—इसी प्रकार अन्य अनुचित उपायों से संचित किए हुए द्रव्य को लोग प्रायः सुरापान में व्यय किया करते हैं—उनका पता लगाने का सुरागृह अच्छा स्थान है। जो पुरुष अत्यन्त व्यय करता हो वा आमदनी से अधिक खर्चता हो उसका भी

सुरागृह में पता चल सकता है। वैदेहिक गुप्तचर उन्मत्त पुरुषों के गुप्त भाव या चेष्टाओं का सुरागृह में पता लगा सकते हैं।

सुराध्यक्ष स्वतन्त्र सुरा बनाने वालों से निश्चित शुल्क को ग्रहण करे और जहां तक हो सके राजकीय सुरागृहों से ही मुद्रांकित सुरा—जो अति तीक्ष्ण न हो—बिकवाने का प्रबन्ध करे। कर्मकरों को इसी साधारण सुरा का प्रयोग करने देना चाहिए।

गणिकाओं अर्थात् वेश्याओं पर नियन्त्रण रखने के लिए गणिकाध्यक्ष की नियुक्ति की जाती है।

गणिकाध्यक्ष गणिकाओं की आय, दायाद्य तथा व्यय पर नियंत्रण रखे। वह गणिकाओं के पास जाने वाले पुरुषों की गणना, गणिकाओं को गान आदि से मिले हुए धन और भविष्य में होने वाली आमदनी को अपने रजिस्टर में लिखता रहे और वेश्याओं को अधिक व्यय करने से रोक दे। गणिका वाणी से किसी के साथ दुर्व्यवहार करे अथवा अपनी लड़की से कठोरता का व्यवहार करे तो उसे दंड देना चाहिए।

जो कोई व्यक्ति किसी कामनारहित स्त्री पर बलात्कार करे या कुमारी कन्या से व्यभिचार करे तो उसे भारी दंड देना चाहिए। जो पुरुष, नहीं रहना चाहती हुई गणिका को बलपूर्वक रोककर रखता है या उसे मुक्त नहीं होने देता तथा नाक आदि काटकर उसे कुरूप बनाता है, उस पर एक सहस्र मुद्रा दंड होना चाहिए। गणिका अपने भोग-धन, इतर आय तथा आने वाले पुरुषों की सूचना स्वयं गणिकाध्यक्ष को देती रहे। जो वेश्या अपने घर आए किसी धनी पुरुष को मार डाले तो उस वेश्या को उसी पुरुष की चिता के साथ जला दिया जाए अथवा पीछे जल में डुबो दिया जाए।

प्रत्येक रूपाजीवा (रूप बेचकर जीविका कमाने वाली) स्त्री वेश्यावृत्ति की अपनी मासिक आमदनी में से दो दिन की आय राजकोष में शुल्क के रूप से प्रदान करे।

वेश्याओं के पुत्रों को राज्य की तरफ से अभिनय (रंगोपजीवी) के कार्य में शिक्षित किया जाए।

राजा वेश्याओं का प्रयोग गुप्तचर रूप में भी करे और उनके द्वारा साधारण प्रजा, धनी पुरुषों तथा शत्रुओं के भेद का पता लगाता रहे।

7. सेनाध्यक्षों (अश्व, हस्ती, रथ, पत्यध्यक्षों) के कर्तव्य

सेनापतिः सर्वयुद्धप्रहरणविद्याविनीतो हस्त्यश्वरथचर्या-
सम्पुष्टः चतुरंगस्य बलस्यानुष्ठानाधिष्ठानं विद्यात्।

युद्ध के शस्त्रास्त्रों की विद्या में निपुण सेनापति—अश्व, हस्ती, रथ आदि चतुरंगिणी सेना की, उनके अध्यक्षों द्वारा व्यवस्था करे।

अश्वाध्यक्ष सेना के लिए अच्छी नस्ल के घोड़ों का प्रबन्ध करे। वह उनके कुल, वय, वर्ण वर्ग तथा उनके आने के स्थान का नाम इत्यादि अपने रजिस्टर में अंकित रखे।

अश्वों की गणना के अनुसार लम्बी-चौड़ी, चार द्वारों से युक्त, अश्वों के घूमने के योग्य, बरामदे से सुशोभित घुड़साल बनवाई जाए, जिसमें घोड़ी, गर्भ धारण करने वाले अश्व और युवा घोड़ों को पृथक्-पृथक् बांधा जाए।

जब घोड़ी बच्चा पैदा करे, तीन दिन तक उसे सेर-सेर भर घी पिलाया जाए। दस दिन के अनन्तर बच्चे को भी घी और सत्तू मिलाकर खिलाया जाए और छः महीने तक एक-एक सेर दूध उसके भोजन के लिए नियत हो। चार-पांच वर्ष का अश्व सब कार्य करने के लिए समर्थ हो जाता है।

उत्तम अश्व का मुख 32 अंगुल चौड़ा होता है। उत्तम अश्व की मुटाई सौ अंगुल होती है। उत्तम अश्व को शाली, व्रीहि, जौ, कंगनी आदि अन्न तथा पकाए हुए मूंग या उड़द का पुलाव बनाकर खाने के लिए देना चाहिए।

युद्ध के उपयोगी अश्वों में कम्बोज (काबुल), सैन्धव (सिंध), आरट्ट (पंजाब), वनायुज (अरब) देश में उत्पन्न अश्व सर्वश्रेष्ठ माने गए हैं। वाल्हीक (बलख), पापेयक (सीमा-प्रान्त), सौवीरक (राजपूताना) और तितल देश में उत्पन्न अश्व मध्यम कोटि के माने गए हैं।

इन अश्वों को तीक्ष्ण (तीव्र), भद्र (मध्य) और मन्द गति के अनुसार युद्ध, सवारी और खेल-कूद में लगाना चाहिए। युद्ध-सम्बन्धी प्रत्येक कार्य करने में समर्थ अश्व के काम को सान्नाह्य कहते हैं। इनकी उछलना, कूदना, तीन पैरों से चलना, सिंह की तरह डग भरना इत्यादि सोलह प्रकार की यतियां मानी जाती हैं।

अश्वों के रोग-प्रतिकार के लिए तथा ऋतु के अनुकूल भोजन-व्यवस्था करने के लिए उनके चिकित्सक नियत हों। सूत्रग्राहक (साईस), अश्वबंधक (अश्वों को बांधने वाले), यावसिक (घास लाने वाले), स्थान-पाल (घुड़साल के प्रबन्धक), केशकाटा—बालों को साफ करने वाले—इत्यादि अपने-अपने कामों से अश्वों की

सेवा करें। आश्विन शुक्ल पक्ष की नवमी तिथि को अश्वों का नीराजनोत्सव (शान्तिकर्म) मनाना चाहिए। इस तरह सधे हुए घोड़े युद्ध के लिए उपयोगी होते हैं।

हस्त्याध्यक्ष का कर्तव्य सेना के लिए बलिष्ठ हाथियों का प्रबंध करना है। उसे हाथियों को युद्धोपयोगी कर्म सिखलाने, रोगी होने पर उनकी चिकित्सा करने, उनके योग्य भोजन का प्रबंध करने इत्यादि का अनुभव होना चाहिए।

हाथियों के लिए एक विशाल गजशाला का निर्माण करना चाहिए। जिसके द्वार बड़े-बड़े हों। इस गजशाला में हाथी की लम्बाई-चौड़ाई के अनुसार चौकोर, चिकना गजबन्धन-स्थान होना चाहिए। युद्ध के लिए उपयोगी या रथ में जोड़े जाने वाले हाथियों की शाला दुर्ग के भीतर हो और युवा हाथी तथा उन्मत्त हाथियों के रहने का स्थान दुर्ग से बाहर हो।

दिन के आठ भागों में प्रथम और सातवां भाग हाथी को पका हुआ भोजन खाने को देना चाहिए। दोपहर से पूर्व ही हाथी को व्यायाम (गज शिक्षा) कराना उचित है। दोपहर के बाद उसे कुछ पीने को देना चाहिए।

सात हाथ ऊंचा, नौ हाथ लम्बा, दस हाथ मोटा और चालीस वर्ष की अवस्था वाला हाथी सर्वश्रेष्ठ होता है। तीस वर्ष का मध्यम और पच्चीस वर्ष का कनिष्ठ होता है। युद्ध में सर्वश्रेष्ठ हाथियों को ही प्रयोग में लाना चाहिए। आठ हाथ ऊंचे हाथी को अज्यराल कहते हैं, जो युद्धकाल के लिए सर्वोत्तम हैं। सूखी घास, पत्ते, चावल, तेल, घी, दूध, दही, गुड़, मद्य, नमक तथा मांस का रस—हाथियों के खाद्य पदार्थ हैं, जो उन्हें पर्याप्त मात्रा में देने चाहिए।

तीव्र, मध्यम तथा मन्द कोटि के हाथियों से, उनकी अवस्थानुसार, प्रतिदिन व्यायाम (युद्धोपयोगी अभ्यास) कराना चाहिए। जिस राजा के पास बलिष्ठ तथा सुशिक्षित हाथियों की सेना होती है, वह युद्ध में शत्रुओं पर विजय प्राप्त करता है।

सेना के रथों के अध्यक्ष को रथाध्यक्ष कहते हैं। रथों की रक्षा के लिए एक सुन्दर रथशाला का निर्माण कराना चाहिए, जिसमें प्रत्येक रथ के लिए पृथक्-पृथक् स्थान हो।

रथ दस पुरुषों के बैठने योग्य बारह हाथ लम्बा होना चाहिए। इसमें एक-एक हाथ कम करते जाने से सात प्रकार के रथ होते हैं। देवों के उत्सवों में काम आने वाले रथ देवरथ; विवाह आदि मंगल-कार्यों में व्यवहार में आने वाले रथ पुष्परथ; संग्राम के योग्य रथ सांग्रामिक; साधारण यात्रा के उपयोगी रथ पारिमाणिक; शत्रु पर चढ़ाई के लिए उपयोगी रथ पर-पुराभियानिक और अश्व आदि की शिक्षा

के लिए उपयोगी रथ वैनयिक कहाते हैं। रथाध्यक्ष इन सब तरह के रथों को तैयार कराए। बाण, धनुष आदि उपकरण; सारथि, रथिक, योद्धा और रथ के अश्वों की सारी विधियों को रथाध्यक्ष को अनुभव होना चाहिए।

रथों पर बैठकर ही योद्धा वीरतापूर्वक युद्ध कर सकते हैं। अतः उनका प्रत्येक अंग (अरे, धुरा, चक्र इत्यादि) सुदृढ़ और सुपरीक्षित होना चाहिए। रथ का सारथी रथसंचालन में अति कुशल और युद्धविद्या में सुशिक्षित होना चाहिए। उसकी दक्षता से ही विजय-सिद्धि हो सकती है।

पत्यध्यक्ष का भी यही ढंग है। पत्यध्यक्ष मूल सेना, भृत सेना (वेतन भोगी सेना), श्रेणी बल (भिन्न-भिन्न स्थानों पर नियत सेना), मित्र सेना, शत्रु सेना और वनवासियों की सेना के सार और असार का ज्ञान रखे। नीचे-ऊंचे प्रदेश, सम प्रदेश तथा खनक (खाई), प्रकाश तथा कूट युद्ध एवं आकाश युद्ध-कर्म में कैसे प्रवृत्त होना है और कैसे पीछे हट जाना है, सब पत्यध्यक्ष को अच्छी तरह ज्ञात होना चाहिए।

सेनापति उपर्युक्त चारों अध्यक्षों पर कड़ा नियन्त्रण रखे। अश्वाध्यक्ष से लेकर पत्यध्यक्ष तक करने योग्य सब कार्यों का प्रत्यक्ष ज्ञान होना सेनापति के लिए आवश्यक है। तभी वह चतुरंगिणी सेना को युद्ध में अपराजेय बना सकता है। अपनी भूमि, युद्ध का समय, शत्रु की सेना, शत्रु के व्यूह को तोड़ना, बिखरी हुई सेना एकत्र करना, संगठित शत्रुबल को तोड़ देना, बिखरी हुई शत्रु सेना का वध, दुर्ग का नाश और चढ़ाई के समय का ज्ञान इत्यादि सेनापति को भली प्रकार विदित होने चाहिए।

सेना की शिक्षा में तत्पर सेनापति तूर्य, ध्वज और पताकाओं से अपनी सेना के संकेत नियत करे और इन्हीं संकेतों के द्वारा वह युद्ध में ठहरने, चढ़ाई करने या शस्त्र चलाने आदि के कार्यों का सम्पादन करे।

8. नगराध्यक्ष (नागरिक) के कर्तव्य

समाहर्ता जनपदं, चिन्तयेदेवमुत्थितः।
चिन्तयेयुश्च संस्थास्ताः, संस्थाश्चान्याः स्वयोनयः॥

कर-संग्रह के अतिरिक्त समाहर्ता अन्य गोप, स्थानिक आदि अधिकारियों की सहायता से राष्ट्र (ग्रामों) की भलाई का विचार करे। नागरिक नगरों के शासन, प्रबन्ध तथा हित का चिन्तन करे। प्रत्येक शासन-संस्था लोक-कल्याण का सम्पादन करे।

समाहर्ता ग्रामों का ज्येष्ठ, मध्यम तथा कनिष्ठ—इन तीन विभागों में विभाजन करे। यह विभाजन उपज और मनुष्य गणना के आधार पर होना चाहिए। पुनः ग्रामों को निम्न कोटियों में, पुस्तक निबन्धों (रजिस्टरों) में अंकित किया जाए—

(क) पारिहारिक—वे ग्राम, जिन्हें कर देने से मुक्त किया गया है।

(ख) आयुधीय—जो राष्ट्र को सिपाही देते हैं।

(ग) हिरण्य—जो राजकोष में अपना कर स्वर्ण मुद्रा में देते हैं।

(घ) कुप्य—जो कच्चा माल देकर कर प्रदान करते हैं।

(ङ) विष्टि—जो राज्य-कार्यों के लिए मजदूर देकर कर पूरा करते हैं।

(च) कर-प्रतिकर—जो गव्य पदार्थों में कर प्रदान करते हैं।

पांच से दस ग्रामों तक का अधिकारी गोप नाम से कहा जाता है। वह ग्रामों की सीमाओं को नियत करता है। वह भूमियों को कृष्ट (खेती योग्य), अकृष्ट (बंजर), स्थल (ऊंची भूमि), केदार (धानों के खेत), आराम (बगीचे), वाट (ईख के खेत), वन (लकड़ी के जंगल), वास्तु (गांव की भूमि), चैत्य (देवालय),सेतुबन्ध (तालाब आदि), श्मशान, सत्र (सदावर्त स्थान), प्रपा (प्याऊ), पुण्यस्थान (तीर्थस्थान), विवीत (चरागाह), पथ (राजमार्ग) आदि में विभक्त करता है और उनका उल्लेख अपनी पुस्तक में रखता है। उस पुस्तक में कर देने वाले और कर न देने वाले लोगों का भी उल्लेख होता है।

इतने किसान, ग्वाले, व्यापारी, शिल्पी, कर्मकर (मज़दूर) सेवावृत्ति करने वाले लोग ग्रामों में बसते हैं—इसका उल्लेख समाहता के रजिस्टर में होता है। इसी तरह इतने चौपाये इस ग्राम में हैं—इतना सुवर्ण, विष्टि (श्रम) और दण्ड (सेना) इससे कर रूप में प्राप्त होता है—यह सब उल्लेख भी समाहर्ता की पुस्तक में होता है।

समाहर्ता प्रत्येक कुल की स्त्री, पुरुष, बालक, वृद्ध एवं उनके काम, चरित्र, आजीविका तथा व्यय आदि के आंकड़े भी अपनी पुस्तक में अंकित रखता है, जिससे प्रजा की वस्तुस्थिति का उसे ज्ञान होता रहे।

ज़िला के सब गोपों पर एक स्थानिक अधिकारी होता है जो उनके सब कार्यों का निरीक्षण करता है। ज़िले के स्थाानिक अधिकारियों पर प्रदेष्टा (कमिश्नर) नाम का उच्चाधिकारी होता है। इसका विशेष कर्तव्य बलि अर्थात् धार्मिक कर-संग्रह करना होता है।

प्रत्येक बड़े नगर में नगराध्यक्ष होता है, जो विशेष रूप से नगरवासियों की भलाई का चिन्तन करता है। नागरिक भी दस, बीस या चालीस कुल के पीछे

एक गोप नामक अधिकारी नियुक्त करता है जो उन कुलों के स्त्री, पुरुष, जाति, गोत्र, नाम, काम, चलने-फिरने वाले पशु, आय तथा व्यय का ज्ञान रखता है।

नगर में एक धर्माध्यक्ष भी नियुक्त किया जाता है जो धर्मस्थानों, धर्मशालाओं, मन्दिरों, तीर्थों आदि का विशेष निरीक्षण करता है और लोगों की धर्मकार्य में सहायता करता है। सच्चे तपस्वियों और वेदपाठियों को नगराध्यक्ष उदारता से दान देता है।

बाहर से आने वाले व्यक्तियों की हमेशा देख-रेख रखी जाती है। धर्माध्यक्ष की आज्ञा के बिना कोई धर्मशालाओं में नहीं ठहर सकता। शिल्पी और व्यापारी लोग अपने पहचाने हुए शिल्पियों और व्यापारियों को ही अपने कारखाने तथा दुकानों पर ठहरने देते हैं। जो माल वे बेचने के लिए लाए हों उसकी सूचना यथासमय नागरिक को दे दी जाती है। प्रत्येक गृहस्थी को घर में आने वाले और जाने वाले अतिथि की सूचना भी नागरिक को देनी होती है। यदि वह समय पर ऐसी सूचना नहीं पहुंचाता तो अपराधी समझा जाता है।

व्यापारी तथा ग्वाले के रूप में फिरने वाले गुप्तचर, देवालय, धर्मशाला तीर्थस्थानों पर जाकर अजनबी पुरुषों की चेष्टाओं का पता लगाते हैं और उनकी सूचना नागरिक को पहुंचा देते हैं। इसी प्रकार वे शिल्पशालाओं, सुरागृहों, द्यूतागारों आदि का निरीक्षण करते हैं और नगर में आने-जाने वालों का पूरा ज्ञान रखते हैं।

नगर में अग्नि-प्रतिकार का पूरा प्रबन्ध होना आवश्यक है। ग्रीष्मऋतु में दोपहर के समय फूस के घरों में आग जलाने का निषेध रहना चाहिए। प्रत्येक घर में जल से भरी मटकी, चमड़े की मशक, कुल्हाड़ी, शूर्प (फूस खेंचने की डंगी) आदि का प्रबन्ध होना चाहिए। गली या बाजारों में भी पानी से भरे हुए सहस्रों की संख्या में घड़े रखे होने चाहिए।

इसी तरह चौराहों, नगर के प्रधानद्वारों और राज्य-कार्यालयों में भी जल का पूर्ण प्रबन्ध होना चाहिए। जो अग्नि द्वारा अपनी जीविका कमाते हों, उन्हें नगर के बाहर एक ओर बसाना चाहिए। घर के मालिक रात में कहीं न जाकर, अपने घरों के द्वारों पर ही शयन करें। यदि घर में आग लग जाए, तो आलस्य नहीं करना चाहिए। जिसकी असावधानी से आग लगे, उसे कड़ा दण्ड देना चाहिए। यदि कोई आग लगाता पकड़ा जाए, तो उसको आग में जलाकर मार दिया जाए।

नगर की सफाई का प्रत्येक नगरवासी को सदा ध्यान रखना चाहिए। जो गलियों में कूड़ा-करकट फेंके उसपर पण का आठवां भाग दण्ड होना चाहिए।

जो पानी-कीचड़ से गलियों को गन्दा करे, उसे चौथाई पण दण्ड दिया जाए। राजमार्ग (प्रधान सड़क) को गन्दा करने वाले मनुष्य पर आधा पण दण्ड डाला जाए। धर्मशाला, तीर्थस्थान, जलस्थान, देवालय और राज्य-कार्यालयों पर जो कोई मनुष्य मलोत्सर्ग करे, उसपर क्रम से एक-एक पण बढ़ाते हुए दण्ड होना चाहिए। मूत्रोत्सर्ग करने वाले पर इसका आधा दण्ड हो। औषध, रोग अथवा भय के कारण यदि इन स्थानों पर किसी का मल-मूत्र निकल जाए तो उसको दण्ड न दिया जाए।

मरे हुए बिलाव, कुत्ता, नेवला, सांप, गधा, घोड़ा, ऊंट, खच्चर आदि पशुओं को जो नगर में डाल देवे, उस पर छः पण दण्ड की व्यवस्था है। यदि अपने मृतक को कोई नगर में पड़ा सड़ने दे, उस पर पचास पण दण्ड होना उचित है। मृतक को नियत द्वार से न ले जाने तथा श्मशान से अन्यत्र कहीं जलाने वाले पर बारह पण दण्ड का विधान है।

अर्धरात्रि के समय, राजमहल के समीप यदि कोई पुरुष घूमता मिले अथवा नगर में निष्प्रयोजन फिरता हुआ मिले, उसे चोरी का दण्ड दिया जाए। जो कोई पुरुष राज्य-कार्यालयों अथवा नगर के प्राकार पर चढ़ता हुआ पकड़ा जाए उसे चोरी से दुगुना दण्ड हो। यदि कोई पुरुष इस निषिद्ध समय में सूतिका (दाई) तथा चिकित्सक (वैद्य) को बुलाने जा रहा हो, अथवा नाटक देखकर आ रहा हो, या नागरिक के पास कोई सूचना देने जा रहा हो, उस पर कोई दण्ड नहीं होता। जिसके पास मुहर लगा आज्ञापत्र विद्यमान हो वह भी अदण्डनीय होता है।

जो पुरुष रात्रि के समय किसी स्त्री के साथ व्यभिचार करता हुआ पकड़ा जाये, उसे वध तक का दण्ड देना उचित है।

नागरिक प्रतिदिन स्वयं जलस्थान, मार्गभूमि, छन्नपथ (सुरंग), वप्र (फसील), प्राकर (परकोट), रक्षा (बुर्ज, खाई आदि) का निरीक्षण करने के लिए जाए और नगर-रक्षा का पूरा प्रबन्ध रखे। राजा की वर्षगांठ पर अथवा शुभ नक्षत्र और पूर्णमासी आदि के पर्व पर राजाज्ञा से बालक, वृद्ध, रोगी और अनाथों को बन्धनागार (जेलखाने) से मुक्त कर दिया जाए। किसी नये देश के जीतने, युवराज के अभिषेक तथा राजपुत्र की उत्पत्ति के समय पर भी कैदियों को छोड़ देने का विधान किया गया है। अपराधियों को दोषानुसार कुछ काम कराकर, बेंत आदि शारीरिक दंड देकर या जुर्माना आदि लेकर भी छोड़ा जा सकता है।

तृतीय अधिकरण

राज्य में कानून की व्यवस्था

1. व्यवहार की स्थापना और विवाद-लेखन

धर्मश्च व्यवहारश्च, चरित्रं राजशासनम् ।
विवादार्थः चतुष्पादः, पश्चिमः पूर्वबाधकः॥

विवाद-सम्बन्धी कानून के चार चरण हैं, जिनसे विवाद का निर्णय किया जा सकता है—धर्म अर्थात् धर्मशास्त्रों की व्यवस्था, व्यवहार अर्थात् साक्ष्य, चरित्र अर्थात् सज्जनों का आचरण तथा राजशासन अर्थात् राजा से प्रचारित आज्ञाएं। इसमें जो पीछे हैं वे पूर्व से अधिक बलवान हैं।

तीन धर्मस्थ अर्थात् न्यायाधीश, तथा तीन अमात्य जनपद तथा नगरों में व्यवहार अर्थात् अभियोग-सम्बन्धी लेखों को सुनने की व्यवस्था करें। छुपाकर घर के भीतर तथा एकान्त में किए गए व्यवहार-सम्बन्धी लेखों को प्रमाणित नहीं माना जाता। दूसरों को साक्षी रखकर किए गए व्यवहार ही कानून के अनुसार वैध समझे जाते हैं।

अप्राप्त व्यवहार अर्थात् नाबालिग, अतीत व्यवहार अर्थात् अतिवृद्ध मनुष्यों द्वारा किए हुए एवं सधवा तथा पुत्रवती स्त्री, उन्मत्त, व्यसनी एवं संन्यासियों द्वारा किए गए व्यवहार अवैध माने जाते हैं।

जब किसी न्यायाधीश के सम्मुख कोई अभियोग आए, तो वह वादी-प्रतिवादी के नाम, जाति, गोत्र, देश, ग्राम, उनके साक्षी, विवाद का विषय इत्यादि सब अपने निवेश-पत्र (मिसल) में लिख ले और अन्त में उन पर अच्छी तरह विचार करे और सत्य-असत्य का सूक्ष्म विश्लेषण करके अपने निष्पक्ष निर्णय देने की व्यवस्था करे।

पराजित पुरुष को देयधन का पांचवां भाग राज्य को दण्ड रूप में देना पड़ेगा। अभियोक्ता (वादी) से जब कुछ पूछा जाए और वह उस दिन उत्तर न देवे तो उसको पराजित समझना चाहिए, क्योंकि वह सोच-विचारकर दावा करता है। परन्तु अभियुक्त (प्रतिवादी) दूसरे दिन भी उत्तर दे सकता है, क्योंकि वह प्रश्नों का उत्तर पूर्व में ही कैसे सोच सकता है। उसको उत्तर (जवाब दावा) देने के लिए तीन दिन या सात दिन का अवकाश दिया जा सकता है। यदि अभियोक्ता झूठा सिद्ध हो जाए तो उसे अभियुक्त का किया हुआ सारा व्यय देना पड़ेगा। इसके अतिरिक्त मिथ्यावादी अभियोक्ता को अन्य सरकारी दण्ड भी होगा।

राजा चारों वर्णों और आश्रमों के धर्म की रक्षा करने वाला है। नष्ट होते हुए सब धर्मों को बचाना और प्रजा को सुमार्ग पर प्रवृत्त करना उसी का कर्तव्य है।

न्यायपूर्वक प्रजा की रक्षा करना राजा का धर्म है, जिसके आचरण से वह स्वर्ग को प्राप्त करता है। जो राजा प्रजा की रक्षा नहीं करता अथवा अनुचित दण्ड का प्रयोग करता है, वह नरक का भागी होता है।

दण्ड इहलोक और परलोक की रक्षा करता है। यदि वह राजा द्वारा अपने पुत्र तथा शत्रु पर निष्पक्ष रूप से दोष के अनुसार प्रयोग किया जाए।

जो राजा धर्म, व्यवहार, चरित्र और न्याय के अनुसार प्रजा का पालन करता है, वह चारों समुद्रों से घिरी हुई इस पृथ्वी का शासन करने में समर्थ होता है।

चरित्र, धर्म तथा कानून का जहां परस्पर विरोध हो, वहां धर्मानुसार न्याय से ही उसका निर्णय करना चाहिए।

जहां धर्म तथा न्याय (तर्क) में परस्पर विरोध हो, वहां न्याय को ही प्रमाण मानना चाहिए। व्यवहार का निर्णय मुख्यतया तर्क के अनुसार ही होना चाहिए। प्रत्येक विवाद में शास्त्र की व्यवस्था प्राप्त करना सम्भव नहीं।

2. विवाह, स्त्रीधन, आधिवेदनिक, विवाह-विच्छेद तथा पुनर्विवाह

नीचत्वं परदेशं वा, प्रस्थितो राजकिल्विषी।
प्राणाभिहन्ता पतितस्त्याज्यः क्लीबोऽपि वा पतिः॥

जो पति चरित्रहीन हो चुका हो, परदेश चला गया हो (जिसके वापस आने की आशा न हो), राजद्रोही हो, अपने प्राणों का प्यासा हो, धर्म से पतित हो चुका हो तथा नपुंसक हो—पत्नी उसका परित्याग कर सकती है।

संसार के सारे व्यवहारों का आरम्भ विवाह के बाद होता है। किसी कन्या

को सन्तानोत्पत्ति के निमित्त विधिवत् ग्रहण करना विवाह कहलाता है। विवाह आठ प्रकार के हैं:—

ब्राह्म विवाह—जिसमें आभूषण, वस्त्र आदि से अलंकृत करके कन्या का दान किया जाता है।

प्राजापत्य विवाह—जिसमें वर-वधू दोनों एक-साथ मिलकर धर्माचरण का व्रत ग्रहण करते हैं।

आर्ष—जिसमें वर-कुल से गौ का जोड़ा लेकर, कन्यादान किया जाता है।

दैव—वेदी पर स्थित किसी याज्ञिक तपस्वी को कन्यादान करना दैव विवाह कहलाता है।

गान्धर्व—जब युवक तथा युवती परस्पर स्वेच्छापूर्वक प्रेम-बन्धन में बंध जाएं।

आसुर—जिसमें वर-पक्ष द्वारा शुल्क देकर कन्या का ग्रहण किया जाता है।

राक्षस—जिसमें बलपूर्वक अपहरण करके कन्या से विवाह कर लिया जाता है।

पैशाच—सोई हुई अथवा नशे में उन्मत्त कन्या को बलात् ग्रहण कर लेना पैशाच विवाह कहलाता है।

इनमें पिता की इच्छानुसार होने के कारण, प्रथम ब्राह्म आदि चार विवाह धर्मसम्मत हैं, अन्य चार विवाह धर्म-मर्यादा के सर्वथा अनुकूल नहीं हैं। क्योंकि उसमें कन्या के पिता की आज्ञा ग्रहण नहीं की जाती और कन्या के साथ बलात्कार किया जाता है। वही विवाह उत्तम होता है जिसमें सबकी प्रसन्नता हो और सबकी प्रीति की वृद्धि हो।

कन्या को विवाह के बाद जो धन जीविका के लिए प्राप्त होता है और जो उसे वस्त्र, आभूषण आदि दिए जाते हैं, वह स्त्रीधन कहलाता है। दो सहस्र मुद्रा से कुछ अधिक कन्या को वृत्ति रूप में दिया जाना चाहिए, जिससे वह पति के विदेश चले जाने पर अपना, अपने पुत्र, पुत्रवधू आदि का पालन-पोषण कर सके। कन्या को विवाह के समय आभूषण कितनी भी मात्रा में दिया जा सकता है।

साधारणतया पति स्त्रीधन का व्यय नहीं कर सकता। केवल कुटुम्ब पर आई हुई विपत्ति, व्याधि, दुर्भिक्ष, भय अथवा धर्मकार्य में ही पति इसका प्रयोग कर सकता है। यदि पति-पत्नी के विवाह के अनन्तर दो बच्चे उत्पन्न हो चुके हों, और धार्मिक विवाह हुए तीन वर्ष व्यतीत हो चुके हों, तब दोनों परस्पर सहमति से स्त्रीधन को व्यय कर सकते हैं। गान्धर्व तथा आसुर विधि से विवाह होने पर पति को स्त्रीधन लेने का सर्वथा अधिकार नहीं। यदि वह ले, तो ब्याज सहित उसे वापस करे। राक्षस तथा पैशाच विधि से विवाहित पति यदि स्त्रीधन को व्यय कर डाले तो उसे चोरी का दण्ड देना कानूनसम्मत है।

पति के मरने के बाद जो स्त्री धर्मानुसार जीवन व्यतीत करना चाहे और पुनर्विवाह का विचार न करे तो उसे स्त्रीधन (नकद रुपया, आभूषण) पूरा प्राप्त होना चाहिए। यदि स्त्रीधन को लेने के बाद वह विवाह करने का निश्चय करे, तो उसे सारा स्त्रीधन ब्याज सहित वापस करना होगा। यदि कोई स्त्री अपने श्वसुर की इच्छा के विरुद्ध विवाह करना चाहती है तो श्वसुर और पति के दिए हुए धन को वापस लेने का उसका अधिकार नहीं। पुनर्विवाह करने वाली स्त्री अपने पति का दायभाग भी प्राप्त नहीं कर सकती। वह तभी उसे प्राप्त कर सकती है जब वह पति का स्मरण करती हुई धैर्यपूर्वक शेष जीवन व्यतीत करे।

यदि कोई पुत्रवती विधवा पुनर्विवाह करना चाहे, उसे भी स्त्रीधन प्राप्त नहीं हो सकता, क्योंकि उस धन के अधिकारी उसके पुत्र हैं। पुत्रहीन विधवा पतिव्रत-धर्म का पालन करती हुई किसी पूज्य सम्बन्धी के पास रहकर अपने स्त्रीधन का आयुपर्यन्त भोग कर सकती है। आपत्काल के लिए ही तो स्त्रीधन होता है। विधवा की मृत्यु के बाद स्त्रीधन उत्तराधिकारियों को प्राप्त होता है।

पति के जीवित रहने पर यदि स्त्री मर जाए, तो सर्वप्रथम उत्तराधिकार पुत्रियों का होता है, फिर पुत्रों का। यदि कोई सन्तान न हो तो उस धन का अधिकारी पति होता है।

यदि किसी स्त्री को सन्तान न होती हो, तो पति आठ वर्ष प्रतीक्षा करे। यदि किसी की सन्तान सदा मृत होती हो तो दस वर्ष तक और यदि किसी को कन्या ही कन्या उत्पन्न होती हो तो बारह वर्ष तक प्रतीक्षा करके पति पुत्राभिलाषा से दूसरा विवाह कर सकता है।

इस अवस्था में पति को अपनी पूर्व पत्नी के लिए आधिवेदनिक द्वितीय विवाह के शुल्क रूप में देना होगा। इस प्रकार की वृत्ति देकर पुत्राभिलाषा से वह अनेक पत्नियों से विवाह कर सकता है, क्योंकि स्त्रियां तो सन्तान-उत्पत्ति का साधनमात्र हैं।

अनेक स्त्रियों में एकसाथ कई स्त्रियों के ऋतुगामी हो जाने पर पति प्रथमविवाहित पत्नी के साथ पहले समागम करे। वह किसी भी स्त्री के ऋतुकाल की अवहेलना न करे। जो स्त्री पुत्रवती हो, वन्ध्या हो, बिन्दु (मृत पुत्र उत्पादन करने वाली) हो अथवा रजोहीन हो, यदि वह सम्भोग की इच्छा न करे, तो पति उसका संसर्ग न करे। पूर्व पत्नी को आधिवेदनिक देकर ही पुत्रोत्पत्ति की लालसा से पति अन्य स्त्री से विवाह तथा सम्भोग कर सकता है।

जो स्त्री पति से पृथक् कर दी जाए, पति उसे आवश्यक भोजन तथा वस्त्र

अर्थात् गुज़ारा देगा। यह गुज़ारा पति की आमदनी के अनुसार कम या अधिक होगा। आधिवेदनिक प्राप्त होने की अवस्था में परित्यक्ता पत्नी उतनी मात्रा में कम गुज़ारा प्राप्त करेगी। यदि वह श्वसुर-कुल में किसी सम्बन्धी के पास रहेगी या सर्वथा स्वतन्त्र होकर रहेगी, तब पति पर भरण-पोषण देने का अभियोग नहीं किया जा सकेगा।

जो स्त्री स्वेच्छाचारिणी, दुराचारिणी अथवा राजद्रोहिणी हो गई हो उसका न स्त्रीधन न आधिवेदनिक और न शुल्क-धन पर कोई अधिकार रहेगा। सदाचारपूर्वक पतिव्रत-धर्म पालन करने वाली स्त्रियों को ही स्वत्व ग्रहण करने का अधिकार है।

जो स्त्री दुराचार के मार्ग पर प्रवृत्त हो, पति उसे सदाचार के मार्ग पर लाने का प्रयत्न करे। पति नंगी, लूली, लंगड़ी, मां-मरी आदि अपशब्दों का कभी प्रयोग न करे। यदि स्त्री नम्रतापूर्वक शिक्षा देने पर भी अपने आचरण का सुधार न करे तो पति बांस की पतली लकड़ी या रस्सी से उसकी पीठ पर तीन बार प्रहार करे।

यदि पति-पत्नी में द्वेष बढ़ता जाए और एक दूसरे से जीवन का भय उत्पन्न हो जाए तो दोनों परस्पर सहमति से विवाह-बन्धन से मुक्त हो सकते हैं। यदि स्त्री भर्ता से द्वेष करती है, परन्तु पति उसको छोड़ना ही नहीं चाहता तो इस दशा में स्त्री को छुटकारा नहीं दिया जा सकता। इसी प्रकार यदि पति बिना अपराध स्त्री को छोड़ना चाहता है और स्त्री उसे छोड़ना नही चाहती तो भी विवाह-विच्छेद नहीं हो सकता।

परस्पर सहमति से पृथक् होने पर पति अपनी पत्नी का लिया हुआ स्त्रीधन वापस कर देगा।

ब्राह्म आदि चार धर्म-विवाहों में, मोक्ष अथवा विवाह-विच्छेद की सर्वथा व्यवस्था नहीं है।

जो स्त्री पृथक् होकर निर्लज्ज हो जाती है और मद्य पीना, नाटकघरों में नृत्य करना और क्रीड़ास्थलों में विहार करना प्रारम्भ कर देती है वह दण्ड की पात्र होती है। जो मैथुन के निमित्त परपुरुषों से अश्लील संभाषण व संकेत करे, उसे चाण्डाल द्वारा कोड़े लगवाए जाएं।

आचारभ्रष्ट पुरुषों को भी ऐसे ही दण्ड दिए जाने उचित हैं। वे दण्ड स्त्रियों के दण्ड की अपेक्षा दुगने होने चाहिए।

जो पति चरित्रहीन हो चुका हो, परदेश चला गया हो (जिसके वापस आने की आशा न हो), राजद्रोही हो, अपने प्राणों का प्यासा हो, धर्म से पतित हो चुका हो तथा नपुंसक हो, पत्नी उसका परित्याग कर सकती है।

जिस स्त्री का पति विदेश से वापस न आए, वह चार वर्ष तक प्रतीक्षा करके पुनर्विवाह कर ले। यदि ब्राह्मण विद्याध्ययन के लिए परदेश गया हो, तो उसकी पत्नी दस वर्ष तक उसकी प्रतीक्षा करे। यदि पुत्रवती हो तो बारह वर्ष तक प्रतीक्षा करे। यदि पति किसी राजकार्य के लिए बाहर गया हो तो पत्नी जीवनपर्यन्त उसकी प्रतीक्षा करे। परन्तु इस अन्तराल में यदि वह किसी सवर्ण जाति से सन्तान करा ले तो वह निन्दा की पात्र न होगी। कोई भी स्त्री, जिसे कुटुम्ब के धन-सम्पन्न जेठ आदि ने उपेक्षित कर रखा हो, अपने जीवन-निर्वाह के निमित्त पुनर्विवाह कर सकती है।

कौटिल्य का मत है कि स्त्री के ऋतुकाल का उपरोध करना धर्म का वध करना है। अतः लम्बे काल तक विदेश गए हुए, संन्यासी बन गए अथवा मर गए पति की स्त्री को सात ऋतु तक चुप रहकर फिर अपना पुनर्विवाह कर लेना चाहिए। यदि उसका कोई बच्चा हो तो एक वर्ष तक चुप रहकर उसे अपने पति के सहोदर भाई के साथ, जो धार्मिक और भरण-पोषण में समर्थ हो, विवाह कर लेना चाहिए।

इन कुटुम्बियों के अतिरिक्त यदि किसी अन्य पुरुष से वह स्त्री विवाह करने को उद्यत हो तो वह स्त्री, वह पुरुष, वह विवाह कराने वाला और विवाह में सम्मिलित होने वाले—सब दंड के भागी होते हैं।

3. दायभाग का कानून

देशस्य जात्याः संघस्य, धर्मो ग्रामस्य वापि यः।
उचितस्तस्य तेनैव, दायधर्मं प्रकल्पयेत्॥

देश, जाति, संघ तथा ग्राम की जैसी भी परम्परा चली आ रही हो राजा उसके अनुसार दायभाग के कानून की व्यवस्था करे।

माता-पिता दोनों या केवल पिता के जीवित रहने पर पुत्र अपनी पैतृक सम्पत्ति के अधिकारी नहीं हो सकते। जब माता-पिता का देहान्त हो जाए तो पितृ, पितामह आदि से चली आती हुई सम्पत्ति या पिता के धन का पुत्र बंटवारा कर सकते हैं।

अपने-अपने कमाए हुए द्रव्य को परस्पर नहीं बांटा जा सकता। यदि वह द्रव्य पिता द्वारा कमाया गया हो, तभी उसका बंटवारा किया जा सकता है।

उशनस् (शुक्राचार्य) का मत है कि पिता की सारी सम्पत्ति का दसवां भाग ज्येष्ठ लड़के को अधिक मिलना चाहिए, क्योंकि उसे पिता आदि के श्राद्ध में

अधिक व्यय करना होता है। यदि बड़ा लड़का मनुष्योचित चरित्र से गिर गया हो तथा कामाचारी होकर फिरता हो, तो उसे यह विशेष भाग प्राप्त नहीं हो सकता।

किसी पुरुष के पुत्रहीन मर जाने की अवस्था में उसकी सम्पत्ति का बंटवारा इस तरह होना उचित है। सर्वप्रथम, उस पुरुष के सहोदर भाइयों का उसकी सम्पत्ति पर अधिकार है। सहोदर भाइयों के अभाव में पुत्रियां अपने पिता के धन की स्वामिनी हैं। यदि पुत्रियां भी न हों तो पुरुष के पिता को—यदि वह जीवित हो—अपने पुत्र की सम्पत्ति पर अधिकार है। यदि पिता भी न रहा हो तो पिता के भ्राता (ताऊ, चाचा) या उनके पुत्र उस धन के अधिकारी बनेंगे।

यदि पिता अपने जीवन-काल में अपनी संपत्ति का बंटवारा कर देना चाहता है, तो वह ज्येष्ठ को छोड़कर किसी अन्य पुत्र को अधिक भाग नहीं दे सकता और न बिना कारण किसी को दायभाग से पृथक् कर सकता है।

यदि पिता सम्पत्ति न छोड़ गया हो, तो बड़े भाइयों का धर्म है कि वे छोटे भाइयों की रक्षा करें। यदि उनका आचरण खराब हो गया हो, तो उन्हें घर से बाहर भी निकाला जा सकता है।

जब पुत्र प्राप्तव्यवहार (बालिग) हो चुके हों, तभी सम्पत्ति का बंटवारा उचित है। यदि कुछ पुत्र बालिग हों और कुछ नाबालिग या कोई पुत्र विदेश गया हुआ हो, तो नाबालिग तथा विदेश गए पुत्र की सम्पत्ति का भाग उसकी माता के बन्धु (मामा आदि) सुरक्षित रखें या उसे ग्राम के सेठ-साहूकार के पास अमानत रख दिया जाए। जब पुत्र बालिग हो जाए अथवा विदेश गया हुआ वापस आ जाए तो उसका भाग उसे दे दिया जाए।

जिन पुत्रों का विवाह हो गया हो वे अपने छोटे भाइयों को उनके विवाह का व्यय पृथक् दें—अर्थात् सम्पत्ति-भाग के अतिरिक्त दें। कन्याओं के लिए भी इसी प्रकार उनके विवाह और प्रादानिक (दहेज) का धन पृथक् सुरक्षित रख देना चाहिए।

आचार्य कौटिल्य का मत है कि किसी सम्पत्ति में यदि छल का व्यवहार हुआ हो, अर्थात् किसी सम्पत्ति को छुपा लिया गया हो तो उसकी जानकारी होने पर उसका फिर बंटवारा होना चाहिए।

जो धन-प्रदायाद रह जाए, अर्थात् जिसका कोई उत्तराधिकारी न बचे, उस धन को राजा अपने कोष में डाल सकता है। परन्तु स्त्री के निर्वाह और प्रेतक्रिया के लिए धन को छोड़ देना चाहिए। वेद-पाठी (वेद का ज्ञाता) के धन को राजा अपने कोष में न डाले, किन्तु उस धन को वेद-विद्या के जानने वालों की सभा में दे दे।

पतित (धर्मच्युत), पतित से उत्पन्न पुत्र, नपुंसक, जड़, उन्मत्त, अन्धे और कुष्ठी (कोढ़ से पीड़ित) दायभाग के अधिकारी नहीं हैं। उन्हें केवल अपने पिता की सम्पत्ति में से भोजन-आच्छादन का व्यय पाने मात्र का अधिकार है।

शास्त्रों में पुत्र आठ प्रकार के बतलाए गए हैं । वे निम्न प्रकार से हैं–औरस–जो अपने से, अपनी विवाहित पत्नी द्वारा पुत्र उत्पन्न हुआ हो। पुत्रिका-पुत्र–जिस कन्या को यह कहकर वर को दिया गया हो कि इससे जो प्रथम पुत्र होगा, वह मेरा पुत्र होगा, उस कन्या का पुत्र पुत्रिका-पुत्र कहलाता है। वह औरस पुत्र के समान होता है।

क्षेत्रज–पुत्र न होने की अवस्था में जब किसी सगोत्र बन्धु द्वारा अपनी स्त्री से पुत्र उत्पन्न कराया गया हो तो उसे क्षेत्रज पुत्र कहते हैं।

कुछ आचार्यों का मत है कि अन्य के क्षेत्र (स्त्री) में डाले हुए बीज का अधिपति क्षेत्री (उसका पति) ही होता है।

अन्य आचार्यों का मत है कि माता तो भस्त्रा (चर्म की पिटारी) के समान है। उसमें जो अपना वीर्य डालेगा, उससे उत्पन्न पुत्र उसी का होगा।

परन्तु कौटिल्य का मत है कि वे दोनों ही क्षेत्रज पुत्र के पिता माने जाने चाहिए। उसके दो पिता और दो गोत्र होंगे। वह दोनों के श्राद्धादि कर्म का कर्ता और रिक्थ का अधिकारी होगा।

गूढज–क्षेत्रज के समान गूढज पुत्र होता है, जिसे पति के विदेश जाने पर बान्धवों ने गुपचुप उत्पन्न कर दिया हो।

अपविद्ध–जिसे माता-पिता ने फेंक दिया हो, वह अपविद्ध कहाता है। जो उसका लालन-पालन करता है, वह उसी का पुत्र होता है।

कानीन–जो कुमारी अवस्था में कन्या से उत्पन्न हुआ हो उसे कानीन पुत्र कहते हैं।

सहोठ–जो पुत्र गर्भवती कन्या से विवाह के बाद उत्पन्न हुआ हो।

पौनर्भव–पुनर्विवाह करने के बाद स्त्री से उत्पन्न पुत्र पौनर्भव कहलाता है।

दत्तक–मन्त्रोच्चारण और जलविसर्जन के साथ माता-पिता जिस पुत्र को किसी अन्य निस्संतान पति-पत्नी को दे देते हैं, वह दत्तक कहा जाता है। यह भी औरस पुत्र के समान होता है।

उपगत–जो स्वयं आकर अपने को पुत्ररूप में किसी पति-पत्नी को समर्पित करता है, वह उपगत पुत्र है।

कृतक–जिसे पति-पत्नी स्वयं चुनते हैं और पुत्र रूप में अंगीकार करते हैं, वह कृतक पुत्र है।

क्रीत—जिसे मूल्य देकर माता-पिता से पुत्ररूप में ग्रहण किया जाता है, उसे क्रीत पुत्र कहा जाता है।

औरस पुत्र हो जाने पर अन्य सवर्ण (सवर्ण भार्या से उत्पन्न) पुत्र तीसरे हिस्से के भागी होते हैं। असवर्ण (असवर्ण भार्या से उत्पन्न) पुत्र केवल भोजन और वस्त्र के अधिकारी होते हैं।

उपर्युक्त सब पुत्र शास्त्रसम्मत हैं और पिता के दायभाग को विधिवत् प्राप्त करते हैं। परन्तु इनमें औरस, दत्तक और पुत्रिका-पुत्र का विशेष महत्त्व है, जिन्हें समाज में अन्य पुत्रों की अपेक्षा अधिक सम्मान से देखा जाता है और उन्हें पिता का श्राद्ध करने तथा उसकी सम्पत्ति ग्रहण करने का पूर्ण अधिकार दिया जाता है।

जो राजा प्रजा में दायभाग की उचित व्यवस्था करता है, वह स्वर्ग को प्राप्त करता है, उसे देश, जाति, संघ तथा ग्राम, जैसी भी परम्परा चली आ रही हो, उसके अनुसार दायभाग के कानून की व्यवस्था करनी चाहिए।

4. ऋण, धरोहर, गिरवी आदि का कानून

तस्मात् साक्षिमदच्छन्न, कुर्यात् सम्यग् विभाषितम्।
स्वे परे वा जने कार्ये, देशकालाग्रवर्णतः॥

इसलिए जितने भी काम करे (ऋण देना-लेना, धरोहर रखना इत्यादि) वह साक्षियों के सम्मुख करे, छुपाकर न करे। देश-काल को देखकर उत्तम ब्राह्मण आदि वर्णों की सन्निधि में अथवा अपने या अन्य जनों की साक्षी में ये काम करने उचित हैं।

एक सौ रुपये पर मासवृद्धि (ब्याज) सवा रुपये से अधिक नहीं लेनी चाहिए, यह धर्म की व्यवस्था है। विदेशी व्यापारियों से सौ रुपये पर पांच रुपये भी ब्याज हो सकता है। जंगल में रहने वाले वनवासी, भील आदि से दस रुपया प्रति सैकड़ा ब्याज लिया जा सकता है। समुद्र-मार्ग से व्यापार करने वालों से प्रतिशत बीस रुपये तक भी ब्याज लेना अनुचित नहीं, क्योंकि उनसे मूलधन नष्ट होने की भी आशंका रहती है।

इस व्यवस्था के प्रतिकूल अधिक ब्याज लेने वालों को दण्ड दिया जाना उचित है। राजा ऋण देने और लेने वालों पर कड़ा निरीक्षण रखे।

यदि ब्याज धान्य रूप में दिया जाना हो तो वह मूलधन के आधे से अधिक कभी नहीं होना चाहिए।

जो कोई ऋण की रकम को बढ़ाकर बताए, उस पर बढ़ाई हुई रकम का चौगुना दण्ड होना चाहिए।

यज्ञ के लिए दिए ऋण पर, रोग के लिए दिए ऋण पर एवं शिक्षा के लिए दिए ऋण पर ब्याज नहीं लगाया जा सकता। सर्वथा देने में असमर्थ से भी ऋण वापस देने का आग्रह नहीं किया जा सकता। जो ऋणदाता कर्ज़दार से दिए जाने पर भी अपने ऋण को वापस न ले और कर्ज़दार को उलझाए ही रखना चाहे, उस पर बारह पण का दण्ड होना चाहिए। यदि ऋण न लेने में वह कोई कारण बताये, तो वह रकम कहीं अन्य स्थान पर जमा करा देनी चाहिए। इसके पीछे उस पर कोई ब्याज न चढ़ेगा।

ऋण की मियाद दस वर्ष की होती है। इसके अनन्तर कोई भी ऋणदाता अपने ऋण को लेने का अधिकारी नहीं हो सकता।

यदि ऋण लेने वाला (अधमर्ण) मृत्यु को प्राप्त हो जाये तो उसके देनदार मृतक के पुत्र होंगे। यदि पुत्र न हो तो उसकी सम्पत्ति को लेने वाले कुटुम्बी, साथी या प्रतिभू (जामिन) उस ऋण को चुकायें।

यदि किसी व्यक्ति पर कई व्यक्तियों के ऋण हों तो उस एक कर्ज़दार पर अनेक उत्तमर्ण (कर्ज़ देने वाले) एक साथ दावा नहीं कर सकते। यदि वह घर छोड़कर भाग रहा हो तो उस पर एकदम भी दावे कर सकते हैं, अन्यथा ऋणों का चुकता यथाक्रम से होना चाहिए। पहले ऋण देने वाले को ऋण पहले चुकाना योग्य है। राजनिष्ठ तथा वेदनिष्ठ ब्राह्मण का देवऋण सर्वप्रथम चुकता होना आवश्यक है।

पिता-पुत्र, पति-पत्नी तथा बिना बंटे हुए भाइयों का परस्पर लिया हुआ ऋण अभियोग का विषय नहीं बन सकता।

काम के समय पर किसान और राजकर्मचारी ऋण के सम्बन्ध में गिरफ्तार नहीं करवाए जा सकते।

पति का ऋण यदि भार्या न चुका सके, तो उसे ऋण चुकाने के लिए मजबूर नहीं किया जा सकता। परन्तु स्त्रियों का ऋण पति को अवश्य चुकाना पड़ेगा। यदि कोई पति स्त्रियों के ऋण को बिना चुकाए विदेश चला जाएगा, तो वह दण्ड का भागी होगा।

ऋण देते-लेते समय दोनों पक्षों की तरफ से विश्वासयोग्य, पवित्र चरित्र वाले, कम-से-कम दो या तीन साक्षी अवश्य उपस्थित होने चाहिए। ऋण के निर्णय में एक साक्षी का होना सर्वथा अनुचित है।

साला, सहायक, क्रीतदास, ऋणदाता, ऋण लेने वाला, शत्रु, अंगहीन और राज्य से सज़ा पाया हुआ व्यक्ति साक्षी नहीं बनाए जा सकते।

राजा, वेदवक्ता, ब्राह्मण, गांव का साहूकार, कुष्ठी, व्रणपीड़ित, पतित, चाण्डाल, कुत्सित काम करने वाला, अन्धा, बधिर, मूक, अहंकारी, स्त्री और राजपुरुष—ये अपने वर्ग को छोड़कर अन्यत्र साक्षी नहीं बन सकते।

कठोर व्यवहार, चोरी और व्यभिचार के झगड़ों में वैरी, साला और सहायक को छोड़कर अन्य साक्षी माने जा सकते हैं।

एकान्त के गुप्त व्यवहारों में अकेली स्त्री या उन घटनाओं को देखने-सुनने वाला पुरुष भी साक्षी हो सकता है।

स्वामी नौकरों के व्यवहार में, आचार्य शिष्यों के व्यवहार में और माता-पिता पुत्रों के व्यवहार में बेरोकटोक साक्षी हो सकते हैं। इसी तरह भृत्य आदि भी स्वामी आदि के साक्षी हो सकते हैं।

साक्षियों को जल-कुम्भ या अग्नि के समीप खड़ा करना चाहिए। वहां यदि साक्षी ब्राह्मण हो तो उससे कहना चाहिए कि "आप सच-सच कहिए।"

क्षत्रिय साक्षी को कहना चाहिए, "यदि तुम झूठ बोलोगे तो तुमको शत्रु के सम्मुख कपाल (ठीकरा) लेकर भीख मांगनी पड़ेगी।"

वैश्य साक्षी को कहना चाहिए, "यदि तुम झूठ बोलोगे तो तुम यज्ञ और धर्मशाला आदि बनवाने के पुण्य के भागी न बनोगे।"

यदि साक्षी शूद्र हो तो उससे कहा जाए कि "यदि तुम सच-सच नहीं कहोगे, तो तुम्हारे जन्म-जन्मान्तर का पुण्य राजा को चला जाएगा और राजा के सब पाप तुम्हें लग जाएंगे। तुम्हारे कहने के बाद भी मुकदमे की जांच होगी। यदि तुमने झूठ बोला होगा तो तुम्हें कैद और जुर्माने का दण्ड होगा।"

यदि साक्षियों के कथन में परस्पर भेद हो, तो जो उनमें पवित्र और दोनों ओर से सम्मत, श्रेष्ठ व्यक्ति हों, उनके साक्ष्य के आधार पर अभियोग का निर्णय किया जाना चाहिए या किसी मध्यस्थ को नियुक्त करके निर्णय करना चाहिए।

यदि ऋणदाता वादी ने अधिक धन का दावा किया और वह साक्षियों से कम सिद्ध हुआ हो तो अधिक बताई हुई रकम का पांचवां भाग अभियोक्ता राज्यकोष में जमा कराएगा। यदि साक्षियों द्वारा धन अधिक प्रमाणित हो, तो वह धन भी सरकारी खजाने में दाखिल किया जाएगा।

दोनों पक्षों को वे साक्षी उपस्थित करने चाहिए जो जहां तक हो सके, घटनास्थल के समीप स्थान के हों तथा घटना के समय वहां विद्यमान हों। जो

साक्षी उपस्थित न होना चाहें उन्हें न्यायाधीश अपनी आज्ञा पर उपस्थित कराए।

ऋण के नियमों के अनुसार ही उपनिधि (मुहर लगाकर रखी हुई बन्द धरोहर) के भी नियम समझने चाहिए।

शत्रु के आक्रमण हो जाने पर, राष्ट्र में विप्लव मच जाने पर, चोरों-लुटेरों द्वारा गांव के घिर जाने पर, गांव में आग लग जाने पर या पानी की बाढ़ आ जाने पर, नाव के डूब जाने पर, सारे माल की चोरी हो जाने पर—यदि धरोहर रखने वाला बचकर स्वयं निकल गया हो, परन्तु धरोहर की रक्षा न कर सका हो तो वह अपराधी नहीं है। उसे धरोहर वापस देने के लिए बाध्य नहीं किया जा सकता।

यदि कोई पुरुष किसी की उपनिधि का व्यवहार में नाश कर दे तो उसे उस धरोहर का पूरा मूल्य देना होगा और उस पर चौबीस पण दण्ड भी देना होगा। यदि कोई धरोहर की वस्तु को किसी के पास रख दे, बेच दे या अपव्यय कर डाले तो उसको चतुर्गुण मूल्य देना होगा और उस पर पंचगुना दण्ड होगा।

जो नियम धरोहर की वस्तु के संबंध में हैं, वे ही आधि (गिरवी रखी वस्तु) के सम्बन्ध में स्वीकार किए गए हैं। जो गिरवी रखी वस्तु का नाश, भोग अथवा विक्रय कर देगा, उसे भी दण्ड दिया जाएगा। गिरवी रखी वस्तु व्यापार के काम में लाई जा सकती है, उस पर ब्याज आदि लिया जा सकता है। गिरवी के आभूषण को तोड़ा नहीं जा सकता और न उसमें कोई परिवर्तन किया जा सकता है।

जब रुपया ब्याज सहित चुका दिया गया हो तो गिरवी की वस्तु ऋण लेने वाले को वापस कर देनी चाहिए। जो साहूकार शुद्ध रूप में गिरवी को वापस नहीं करता, उसे हानि के अनुसार क्षति-पूर्ति करनी पड़ेगी। बिना आधिपाल (गिरवी के मामलों की देखरेख करने वाला अधिकारी) की आज्ञा से गिरवी से व्यापार करने वाला साहूकार अपने सारे लाभ से तथा दिए हुए ऋण से भी वञ्चित किया जा सकेगा।

यदि किसी स्थावर सम्पत्ति (भूमि, मकान आदि) को गिरवी रूप में रखा जाएगा तो उसे उपेक्षा द्वारा मूल्य में कम नहीं होने दिया जाएगा। साहूकार को ऋण चुका देने पर वह सम्पत्ति शुद्ध रूप में स्वामी को वापस करनी होगी।

यदि कोई अन्य की धरोहर को अन्य को दे देवे तो उसका नुकसान देने वाला भोगेगा। यदि धरोहर लेने वाला धरोहर से ही इन्कार कर दे तो धरोहर रखने वाले की सामाजिक स्थिति और चरित्र से उसका निर्णय किया जाएगा। धरोहर दबा लेने वाले साहूकार को चोरी का दंड दिया जाएगा।

ऋण, धरोहर, गिरवी आदि का सब कार्य उत्तम वर्ण के साक्षियों के सम्मुख ही किया जाएगा, जिससे विवाद उपस्थित होने पर साक्षियों की सहायता से न्यायपूर्वक निर्णय किया जा सके। जो राजा आदान-प्रदान की शुद्ध व्यवस्था राज्य में स्थापित करता है, वह सर्वप्रिय होता है। जिस राज्य में व्यवहार की शुद्धता नहीं वह शीघ्र नष्ट हो जाता है।

5. दास, कर्मकर, उनके वेतन आदि का कानून

कर्मकरः यथासम्भाषितं वेतनं लभेत, कर्मकालानुरूपसम्भाषित-
वेतनः। कर्षकः सस्यानां, गोपालकः सर्पिषां वैदेहकः पण्याना-
मात्मना व्यवहृतानां, देशभागमसम्भाषितवेतनो लभेत।

कर्मकर (मजदूर) जो वेतन निश्चित हुआ हो ग्रहण करे। यदि वेतन पहले निश्चित न हुआ हो तो मजदूर अपने किए हुए कर्म तथा लगाये हुए समय के अनुसार वेतन प्राप्त करे। कृषक अनाज में, ग्वाला घृत में और व्यापारी वस्तुओं में दसवां भाग वेतन-रूप में ग्रहण कर सकता है।

दासों से भी कृषि, गोपालन, वाणिज्य आदि का कार्य कराया जा सकता है, जिन्हें वेतन प्राप्त नहीं होता। परन्तु इन दासों से अनुचित व्यवहार तथा अत्याचार करना धर्मसम्मत नहीं।

दास आर्यजाति के प्राणभूत हैं। इनसे सेवा का कार्य लेना जाति के हित के लिए है। म्लेच्छ लोग और उनकी सन्तान दासता के लिए कार्य करते हैं। वे बेचे अथवा गिरवी भी रखे जा सकते हैं। परन्तु आर्य जाति के लोग कभी दास नहीं बनाए जा सकते।

जो कोई अप्राप्तव्यवहार (नाबालिग) दास को बेचेगा वह दण्डनीय होगा। जो आर्य जाति के बच्चों को दास बनाकर बेचेगा उसे वधदंड भी दिया जा सकता है।

जो किसी दास से मुर्दा, विष्ठा, मूत्र और जूठन उठवाएगा वह भी दण्ड का पात्र होगा। जो स्वामी नंगा नहाते समय दासी को उपस्थित रखेगा अथवा उस पर बलात्कार करेगा, उसका दासी पर स्वामित्व समाप्त हो जाएगा और वह स्वाधीन हो जाएगी। जो स्वामी धाय, सेविका तथा अन्य गृहदासियों से दुराचार करने की चेष्टा करेगा उससे वे दासियां स्वतंत्रता प्राप्त कर लेंगी और सदा के लिए मुक्त हो जाएंगी। उन्हें अपनी मुक्ति के लिए कोई हर्जाना भी न देना होगा। इसके विपरीत स्वामी इन दासियों को हर्जाना देगा और उससे दुगुना दण्डरूप में राजकोष में देना होगा।

यदि कोई आर्य अपने को दास रूप में बेचने के लिए विवश हो जाए, वह अपना मूल्य चुकाकर स्वामी से किसी भी समय स्वतन्त्र हो सकता है। ऐसा आर्य दास स्वामी के कार्य के अतिरिक्त किसी काम को करके धन जोड़ सकता है और अपने पिता के धन का भी भागी रह सकता है। यदि कोई आर्य युद्ध में दास बनाया गया हो, वह भी विजेता को अपनी स्थिति के अनुसार धन देकर मुक्त हो सकता है। जो स्वामी हर्जाना प्राप्त करने पर भी दास को मुक्त नहीं करता, वह दण्ड का पात्र होता है।

यदि किसी दासी को उसके स्वामी से सन्तान उत्पन्न हो जाए, तो उस माता और सन्तान को दासता से मुक्ति प्राप्त हो जाती है। यदि वह दासी घर बसाकर कुटुम्ब में रहना चाहती हो, तो उसके माता-पिता, भाई-बहन को भी मुक्ति प्राप्त हो जाएगी।

यदि वेतन लेकर कर्मकर कार्य करें तो उनके स्वामी के साथ किए हुए निश्चय को पड़ोसी ज्ञात कर लें। कर्मकर (मज़दूर) को स्वामी से वही वेतन प्राप्त होगा। यदि पहले कोई निश्चय न हुआ होगा तो मज़दूर अपने किए हुए काम तथा लगाए हुए समय के अनुसार वेतन प्राप्त करेगा। किसान अनाज का, ग्वाला घी का और व्यापारी पण्य पदार्थों का दसवां भाग वेतन रूप में प्राप्त करेगा।

शिल्पी, गायक, वैद्य, कथावाचक, वकील तथा अन्य परिचारकों को उनका पारिश्रमिक प्रचलित दर पर दिया जाएगा या जैसा भी बुद्धिमान लोग निश्चय करें, वैसा दिया जाएगा।

वेतन-सम्बन्धी विवादों का निर्णय साक्षियों की सहायता से किया जाएगा। जो स्वामी अपने कर्मकरों को उचित एवं निश्चित वेतन नहीं देगा वह दंड का पात्र होगा।

यदि कोई विपत्तिग्रस्त पुरुष नदी की बाढ़, अग्नि, चोर, सिंह आदि हिंसक जन्तुओं से घिरा हुआ अपने सर्वस्व, पुत्र, दारा और अपने-आपको भी वेतन रूप में अपने रक्षक को देने की प्रतिज्ञा करें, तब जब उनकी रक्षा हो जाए योग्य निर्णायक जिस वेतन का निर्णय करें वही रक्षक को दिया जाएगा, न कि विपत्ति में प्रतिज्ञा किया हुआ वेतन। दुःखी पुरुष तो वेतन का उचित निर्णय नहीं कर सकता।

सरकारी उद्योगों (सम्भूय समुत्थान) में जहां अनेक कर्मकर मिलकर काम करते हों, उनमें जो कर्मकर वेतन लेकर भी अच्छी तरह काम नहीं करेगा, उसे बारह पण दण्ड दिया जाएगा। अधिक उपेक्षा करने पर उसे कैद (संरोध) का भी दंड दिया जा सकता है। यदि कर्मकर किसी कठिन कार्यव्याधि या विपत्ति

में फंस गया हो तो वह अवकाश (छुट्टी) लेकर जा सकता है। परन्तु उसे अपने स्थान पर कोई अन्य कर्मकर, काम पूरा करने के लिए देना होगा। देर से काम पूरा होने पर उसे स्वामी को हर्जाना देना होगा।

यदि मज़दूर काम पर आकर उपस्थित हो जाए, परन्तु किसी कारण उसे काम पर न लिया जाए तो भी वह वेतन का अधिकारी है। यह कुछ आचार्यों का मत है। परन्तु कौटिल्य का मत है कि काम करने पर ही मज़दूरी देनी उचित है, बिना काम कोई वेतन नहीं दिया जा सकता। यदि मालिक थोड़ा काम करवा के सारा काम न करवाए तो नौकर को सारे दिन का वेतन देना होगा।

कर्मकरों के संघ काम पूरा करने की निश्चित अवधि के बाद सात दिन तक काम पूरा कर देंगे। इससे अधिक समय लगाने पर उन्हें मालिक को हर्जाना देना पड़ेगा। इन संघों के कर्मकर सहकारी उद्योग (सम्भूय समुत्थान) को समाप्त करके प्राप्त हुए वेतन को परस्पर समान रूप से अथवा जैसे पूर्व निश्चित किया हो, बांट लेंगे।

यदि कोई कर्मकर, स्वस्थ होते हुए भी किसी काम के बीच में से खिसक जाए, उसे दंड दिया जाएगा, क्योंकि इस तरह भाग जाने का किसी को अधिकार नहीं। यदि कोई कर्मकर चोरी (कामचोरी) का अपराधी हो, उसे पहली बार क्षमा कर दिया जाए। पुनः वही अपराध करने पर उसे संघ से बाहर निकाल देना चाहिए और किये हुए काम का वेतन भी नहीं देना चाहिए। जिसके प्रमाद से संघ का कार्य सर्वथा निष्फल हो जाये, ऐसे कर्मकर को जाति-बहिष्कृत कर दिया जाए।

कृषि-कार्यों में भी सम्भूय समुत्थान द्वारा सहकारी रूप से काम किया जा सकता है। वहां भी कर्मकरों के वेतन आदि की वही व्यवस्था होगी, जो अन्य उद्योगों में। संघ के काम करने वाले कर्मकरों को स्वामी से वेतन का निर्णय करने तथा उससे यथासमय वेतन प्राप्त करने में सदा सुविधा रहती है। एकता में बल होने के कारण कर्मकरों के संघ में भी बल अन्तर्निहित होता है, जिसकी सहायता से वे अपने हितों की भली-भांति रक्षा कर सकते हैं। अतः कर्मकरों को संघ में संगठित होकर ही सदा काम करना चाहिए।

चतुर्थ अधिकरण

प्रजापीड़कों से प्रजा की रक्षा

1. शिल्पियों से प्रजा की रक्षा

एवं चौरानचौराख्यान् वणिक्कारुकुशीलवान्।
भिक्षुकान् कुहकांश्चान्यान् वारयेद् देशपीडनात्॥

साहूकार, शिल्पी, नट, भिक्षुक, ऐन्द्रजालिक आदि चोर न कहलाने वाले वास्तव में चोर होते हैं और अपनी चतुराई से प्रजा को पीड़ित करते हैं। राजा इनसे प्रजा की रक्षा करे।

प्रजा को पीड़ित करने वाले लोगों को कंटक कहते हैं। कंटकशोधन अर्थात् 'प्रजापीड़कों को साफ करना' राजा का कर्तव्य है। शिल्पी, साहूकार आदि प्रायः अपनी चतुराई से प्रजा को धोखा देते हैं और उसे पीड़ित करते हैं। उनसे प्रजा की रक्षा करना राजा का धर्म है। इस कार्य के लिए राजा प्रदेष्टा नाम के कण्टक-शोधन के तीन अधिकारी वा अमात्य नियुक्त करे। वे प्रजापीड़न करने वाले कंटकों से प्रजा की रक्षा करें।

जो कारीगर (कारु व शिल्पी) प्रतिज्ञानुसार समय पर वस्तु बनाकर न दे, उसे एक चौथाई मजदूरी कम करके दी जाए और उससे दुगुना दंड हो। यदि वह काम को बिगाड़ दे तो उसे कोई मज़दूरी न दी जाए।

जुलाहा दस पल सूत पर एक पल और सूत ले, क्योंकि एक पल छीजन जाती है। उससे अधिक छीज जावे तो छीजन से दुगुना दण्ड हो। जितना सूत का मोल हो, उतनी ही बुनने की मज़दूरी होती है, रेशमी सूक्ष्म वस्त्रों की बुनाई मूल्य से ड्योढ़ी मानी जाती है। यदि कपड़ा नाप में कम निकले, तो जितना नाप में कम हो, उतनी मज़दूरी काट ली जाए। यदि सूत बदल दिया, तो मूल्य से दुगुना दण्ड दिया जाए।

धोबी लोग लकड़ी के तख्ते या चिकनी शिला पर कपड़े धोवें। यदि अन्य स्थान पर धोवें और वस्त्र पर कोई आघात हो ज़ाए जो छः पण दंड होना चाहिए। मुद्‌गर के चिह्न से अंकित वस्त्रों से अतिरिक्त वस्त्र पहनने वाले धोबी पर तीन पण दंड हो। दूसरे के वस्त्र को बेचने, किराये पर दे देने अथवा गिरवी रख देने पर धोबी को बारह पण दंड हो। यदि धोबी वस्त्र बदल दे तो दुगुना मूल्य का दंड और वस्त्र का मोल देना पड़ेगा। धोबी सात दिन में कपड़े धोकर वापस करे। इससे आगे वस्त्र रखने वाले की धुलाई काट ली जाएगी।

जो सुनार (सुवर्णकार-शिल्पी) नौकर-चाकरों से सोना-चांदी का आभूषण बिना सुवर्णाध्यक्ष को सूचना दिए खरीदे, तो उस पर बारह पण दंड हो। चोर के हाथ से सुवर्ण खरीदने वाले पर अड़तालीस पण दंड हो। टूटे-फूटे अलंकारों को थोड़े मोल पर खरीदने वाले पर भी चोरी का दंड है। एक तोला सुवर्ण में से एक मासा अपहरण करने वाले सुनार पर बारह पण दंड होना उचित है। घटिया सोने का माल बनाकर उस पर मुलम्मा कर देने वाले अथवा खरे सोने-चांदी में किसी अन्य तरह की खोट मिलाने वाले पर पांच सौ पण दंड हो।

जो रुपयों का परीक्षक (रूपदर्शक) खोटे रुपयों को खरा बतलाकर राजकोष में जमा होने दे और खरे रुपयों को खोटा बतलाकर जमा न होने दे, उस पर बारह पण दंड हो। इसी तरह यदि कोई जाली सिक्के चलाए या उन्हें चलने दे, तो उस पर एक सहस्र पण का दंड हो। अच्छे सिक्कों के स्थान पर जो अधिकारी सरकारी कोष में जाली सिक्के रख दे, उसे वध-दंड की व्यवस्था है।

यदि वैद्य राजा को बिना सूचना दिए ऐसे रोगी की चिकित्सा करे, जिसके मर जाने का भय हो, और वह मर जाए तो ऐसा वैद्य भी दंड का पात्र होता है। यदि मृत्यु चिकित्सा के दोष से हुई हो अथवा अंग-भंग हो गया हो तो नियमानुसार वैद्य को उचित दंड दिया जाएगा।

नट, कुशीलव आदि तमाशा करने वाले लोग भी अधिक शुल्क लगाकर प्रजा को पीड़ित न करें। यदि वे उचित से अधिक शुल्क ग्रहण करें तो राजा उन पर कठोर दंड लगाए। देश, जाति, गोत्र, शाखा और मैथुन की बात छोड़कर नट, भांड़ आदि कुछ भी हँसी कर सकते हैं। उचित मर्यादा का उल्लंघन करने वालों पर कोड़े या बेंत लगाने का दंड दिया जा सकता है।

इसी प्रकार यदि भिक्षुक, गायक, ऐन्द्रजालिक (बाज़ीगर) आदि अपनी चतुराई से प्रजा को पीड़ित करें तो राजा उनसे भी प्रजा की रक्षा करे और किसी भी शिल्पी को प्रजापीड़न न करने दे।

2. व्यापारियों से प्रजा की रक्षा

प्रक्षेपं पण्यनिष्पत्तिं, शुल्कं वृद्धिमवक्रयम्।
व्ययानन्यांश्च संख्याय, स्थापयेदर्धमर्घवित्॥

मूल्य लगाने में चतुर पण्याध्यक्ष व्यापारियों की प्रत्येक वस्तु के मूल्य को उसके उत्पादन-व्यय (लगाई गई पूंजी, मजदूरी, ब्याज, भाड़ा, शुल्क आदि) का अनुमान करके निश्चित करे।

व्यापारियों से प्रजा की रक्षा करना भी राजा के लिए आवश्यक है, क्योंकि वे प्रायः अधिक मूल्य लगाकर, कम नाप-तोल कर अथवा नकली वस्तु देकर प्रजा को पीड़ित करते हैं।

पौतवाध्यक्ष समय-समय पर तराजू, बाट, नाप के बर्तनों की पड़ताल करता रहे, जिससे किसी वस्तु के तोल में कमी न हो। तोल में आधा पल कमती-बढ़ती हो जाना कोई अपराध नहीं। यदि पल से अधिक कमती बढ़ती हो जाए तो बारह पण दंड होना चाहिए। इसी प्रकार किसी तुला में एक कर्ष (पल का चौथा भाग) का फर्क अपराध नहीं। दो कर्ष घटने-बढ़ने पर छः पण दंड दिया जाए। जो व्यापारी अधिक तोलने वाले तराजू और बाटों से खरीदे और कम तोलने वाले तराजू और बाटों से बेचे, उसे दुगुना दंड होना चाहिए। गिन-गिनकर बेची जानेवाली चीज़ों में जो बनिया धोखा करे उस पर छियानवे पण दंड होना उचित है। जो व्यापारी घटिया वस्तुओं को धोखे से बढ़िया बताकर बेच देता है, उस पर कीमत से आठ गुना दंड होना चाहिए। बनावटी कस्तूरी, कपूर आदि को असली तथा जो वस्तु जहां उत्पन्न न हुई हो, वहां की बतलाकर एवं बनावटी शोभायुक्त वस्तु बनाकर छल करे, उस पर चौवन पण दण्ड होना उचित है। जो व्यापारी धान्य, घृत, तेल, गुड़, लवण, गन्ध, औषधि आदि वस्तुओं में वैसे ही रंग की कोई चीज़ मिलाकर बेचे, उस पर बारह पण दंड होना चाहिए।

अपने देश में उत्पन्न वस्तुओं पर प्रतिशत पांच पण लाभ लेना चाहिए। और विदेश से आई वस्तुओं पर दस प्रतिशत लाभ होना उचित है। इससे अधिक मूल्य बढ़ाकर खरीदने वा बेचने वालों पर दो सौ पण दंड होना चाहिए। पण्याध्यक्ष प्रत्येक वस्तु के उत्पादन-व्यय (लगाई गई पूंजी, मज़दूरी, ब्याज, भाड़ा, शुल्क आदि) का अनुमान करके, उसकी उचित क़ीमत नियत करे।

जो व्यापारी मिलकर किसी माल के बिकने को रोक दें और समय पर भाव से अधिक दाम लेकर बेचें, उन पर सहस्र पण दंड होना उचित है, व्यापारी को

जो प्रतिदिन लाभ हो, उसका हिसाब बहीखाते में लिखना चाहिए। पण्याध्यक्ष किसी समय बही-खाते की पड़ताल कर सकता है।

यदि माल एकत्र हो जाए और नियत कीमत पर न बिक सके तो पण्याध्यक्ष उसकी कीमत घटा दे। यदि कुछ लोगों ने मिलकर सरकारी माल (कर में दिया गया अनाज, सुवर्ण आदि) बेचने का ठेका लिया हो और यदि वे न बेच सकें तो उनसे छीनकर दूसरों को दे दे। यदि सरकारी माल जल, अग्नि आदि दैवी विपत्ति से नष्ट हो जाए तो व्यापारी को क्षमा कर दिया जाए। पण्याध्यक्ष प्रत्येक सरकारी माल को उसकी मण्डी में ही बिकवाने का प्रबन्ध करे। यदि सरकारी माल बिकने में देर होती हो तो अन्य व्यापारियों का माल बिकना तब तक बन्द कर दिया जाए जब तक सरकारी माल न बिक जाए। वस्तुओं के विक्रय की सदा ऐसी व्यवस्था करे कि प्रजा को किसी प्रकार की पीड़ा न हो।

इस प्रकार राजा पण्याध्यक्ष, पौतवाध्यक्ष आदि द्वारा व्यापारियों से प्रजा की रक्षा करे।

3. दैवी आपत्तियों से प्रजा की रक्षा

दुर्भिक्षे राजा बीजभक्तोपग्रहं कृत्वाऽनुग्रहं कुर्यात्।
दुर्गसेतुकर्म वा भक्तानुग्रहेण। भक्तसविभागं वा,
देशनिक्षेपं वा। मित्राणि वा व्यपाश्रयेत्। कर्शनंवमनं वा कुर्यात्।

दुर्भिक्ष होने पर राजा प्रजा को बीज और खाद्य-सामग्री देकर उनका उपकार करे। इस समय राजा दुर्ग या कोई सेतु बनवाना आरम्भ कर दे, जो प्रजा को भोजन देने की दृष्टि से किया जाए। जो परिश्रम न कर सकें उनमें भोजन बंटवाया जाए अथवा उन्हें देश के सुभिक्षपूर्ण भाग में भेजने की व्यवस्था की जाए अथवा उन्हें मित्र राष्ट्र में थोड़े समय के लिए भेज दिया जाए। दुर्भिक्ष निवारण के लिए राजा धनियों से कर द्वारा धन खेंचे अथवा उनसे संचित अन्न आदि का वमन कराए।

दैवी आपत्तियां आठ प्रकार की हैं—ये अग्नि, जल, व्याधि, दुर्भिक्ष, चूहे, हिंसक जन्तु, सर्प तथा राक्षसों द्वारा उत्पन्न होती हैं। इन सब दैवी विपत्तियों से प्रजा की रक्षा करना राजा का परम कर्तव्य है।

अग्नि की विपत्ति से रक्षा करने के लिए, गांव के रहने वाले लोग गर्मी के दिनों में अपनी झोंपड़ी से बाहर भोजन बनाएं और वह भी उन्हीं स्थानों में

जहां राज्याधिकारी उसकी व्यवस्था करें। झोंपड़ी की दीवारों को उस मिट्टी से लीपा जाए, जिसमें बिजली से पैदा हुई राख या ओलों का पानी मिलाया गया है। ऐसे लेप से आग जल्दी नहीं लगती। पर्व के दिनों में बलि, होम, स्वस्तिवाचन से अग्निपूजा करनी चाहिए।

जल की विपत्ति से रक्षा करने के लिए गांव के रहने वाले लोग वर्षा-ऋतु में नदी-तट से दूर शयन करें। काष्ठ, बांस के बेड़े और नावों का सदा संग्रह रखें। डूबते हुए पुरुष को तूंबा, मशक आदि की सहायता से बचाने का यत्न करना चाहिए। वर्षा के समय में नदी की पूजा करनी चाहिए। अतिवृष्टि की शान्ति के लिए तान्त्रिक उपायों तथा अथर्ववेद के मन्त्रों का प्रयोग करना चाहिए। वर्षा शान्त होने पर इन्द्र, गंगा, पर्वत तथा समुद्र की पूजा करवानी चाहिए।

व्याधि के भय की शान्ति के लिए चिकित्सक लोग औषध तथा सिद्ध, तापस लोग शान्ति प्रायश्चित्तों का प्रयोग करें। संक्रामक रोगों की भी इसी प्रकार शान्ति की जाए। इसी निमित्त तीर्थस्नान, समुद्रपूजन, गौओं का श्मशान में दोहन, कबन्ध, (धड़) का जलाना एवं देवपूजा के लिए रात्रि-जागरण आदि कराए जाएं। यदि पशुओं में व्याधि अथवा महामारी फैल जाए तो स्थान-स्थान पर दीपक-दान तथा देव-पूजन कराया जाए।

दुर्भिक्ष की विपत्ति से रक्षा करने के लिए राजा प्रजा में बीज और खाद्य-सामग्री बांटे अथवा उस समय दुर्ग, सेतु वा अन्य कोई सार्वजनिक हित का कार्य (मकान, सड़क आदि) आरम्भ करा दिया जाए, जिससे प्रजा को रोजी या भोजन प्राप्त हो। जो परिश्रम न कर सकें, उनमें भोजन बंटवाया जाए अथवा उन्हें देश के सुभिक्षपूर्ण भाग में भेजने की व्यवस्था की जाए अथवा उन्हें मित्र राष्ट्रों में थोड़े समय के लिए भेज दिया जाए। दुर्भिक्ष-निवारण के लिए राजा धनियों से कर द्वारा धन खेंचे अथवा वह प्रजा सहित नदी, तालाब, झील या समुद्र के किनारों पर चला जाए, जहां वह प्रजा द्वारा अन्न की उत्पत्ति कराए तथा मृग, पशु, पक्षी, हिंसक जन्तु और मछलियों के शिकार से कुछ समय तक जीवन-निर्वाह कराए।

मूषकों के भय उत्पन्न होने पर बिलाव, नेवले आदि भक्षक जीवों की राजा व्यवस्था करे। चूहों को पकड़ने तथा विष द्वारा मारने का प्रबन्ध किया जाए। मूषक जहां धान्य की हानि करते हैं, वहीं वे प्रजा में तीव्र रोग-संक्रमण करने के हेतु भी बनते हैं।

हिंसक व्याघ्र आदि के भय के निवारण के लिए विषयुक्त पशु-शवों को जंगल में डाल दिया जाए, जिन्हें खाकर हिंसक जीव स्वयं नष्ट हो जायें अथवा

शिकारी लोग कुत्तों सहित उन हिंसक जीवों का शिकार करें और उन्हें मार डालें। प्रजा का जो व्यक्ति व्याघ्रादि को मारे, उसे उचित पुरस्कार दिया जाए। इस भय के प्रतिकार के लिए पर्व पर पर्वत-पूजा भी होनी चाहिए।

जब सर्पों का भय अधिक हो तो मन्त्र, विष और औषधियों से वैद्य उनका प्रतिकार करें। जहां कहीं सर्प को लोग देखें, लपककर उसे मार दें। अथर्ववेद को जानने वाला उसका मन्त्र-प्रयोग से उपचार करे। पर्व पर नागपूजा की जाए। इसी तरह अन्य जलचर प्राणियों के भय के उपायों का अवलम्बन करना चाहिए।

राक्षसों का भय उत्पन्न होने पर राक्षसों के नाशक अथर्ववेद के मन्त्र या तान्त्रिक मन्त्रों के अनुसार कर्म किए जायें। पर्वकाल में वेदी पर छत्र, भोजन-सामग्री, हस्तपताका, बकरा आदि की भेंट उपस्थित करके चैत्य अथवा देवालयों में पूजा करनी चाहिए।

उपर्युक्त सभी भयों में 'मैं तुम्हें चरु अर्पण करता हूं' ऐसा मन्त्र बोलकर देवता की आराधना करनी चाहिए। राजा भय से ग्रस्त प्रजा की रक्षा करने के लिये मायायोग (तन्त्र-विद्या) तथा अथर्ववेद के ज्ञाता सिद्ध तापसों को आदरपूर्वक अपने देश में बसने के लिए प्रेरित करे।

4. अपराधियों (चोरों, घातकों) आदि की पहचान

सगोपस्थानिको बाह्यं प्रदेष्टा चौरमार्गणम्।
कुर्यान्नागरिकश्चान्तर्दुर्गे निर्दिष्टहेतुभिः॥

प्रदेष्टा नामक राज्याधिकारी गोप तथा स्थानिक अधिकारियों को साथ लेकर बाहर के चोरों की खोज करे। नगर या दुर्गों में नागरिक नामक अध्यक्ष चोरों का पता लगाए।

निम्नलिखित लक्षणों से चोर, घातक, लुटेरे अथवा अन्य अपराध करने वाले या अपराध की इच्छा वाले का सन्देह किया जा सकता है।

जिसकी कुलक्रमागत सम्पत्ति तथा कुटुम्ब क्षीण हो गया हो, जिसकी आमदनी थोड़ी रह गई हो, जो अपने देश, जाति, गोत्र, नाम और काम बताने में बहाने बनाए; जो अपनी वृत्ति को किसी पर प्रकट न करना चाहे; जो मांस, सुरा, भक्ष्य-भोजन, गन्ध, माला, वस्त्र और आभूषणों को पसन्द करने वाला हो; जिसका बहुत व्यय हो, और जो व्यभिचारी, जुआरी और शराबियों की संगति में रहता हो।

जो सर्वथा घर से बाहर विदेश में घूमता हो, जिसके स्थान-गमन और बेचने की चीजों का कुछ पता न लगता हो, जो एकान्त वन-बगीचों में असमय घूमता

मिले; छिपे हुए स्थान या धनियों के घरों के समीप जो अनेक पुरुषों के साथ बार-बार गुपचुप बातचीत करता देखा गया हो; जो ताज़ा घावों का छिपकर इलाज करता हो और जो अधिकतर घर के भीतर रहने वाला हो तथा किसी को देखकर झटपट लौट जाता हो।

जो परस्त्री से गमन करने वाला हो, परस्त्री, द्रव्य या मकान के विषय में जो बार-बार प्रश्न करता हो, चोरी आदि कुत्सित कर्म के शस्त्र और साधनों को जो अच्छी तरह जानता हो, जो आधी रात में दीवारों की छाया में घूमता देखा गया हो, जिसने वस्तुओं की आकृति बदलकर अनुचित स्थान और काल पर बेची हो, जो सबसे शत्रुभाव रखता हो, जिसकी नीच जाति और नीच कर्म हो, और जो अपने असली रूप को छिपाए रखता हो, जो ब्रह्मचारी आदि न होकर भी ब्रह्मचारी का रूप बनाए रखता हो, परन्तु उसका आचरण उस रूप से विरुद्ध हो।

जिसने पूर्व कभी अपराध किया हो, जिसकी बुरे कर्म करने की प्रसिद्धि हो, जो नागरिक आदि राजकर्मचारियों को देखकर छिप जाता हो या खिसक जाता हो, जो एकान्त में हटकर बैठता हो, जो उद्विग्न-सा रहता हो, जिसका मुख सूखा, वर्णहीन और भिन्न स्वरधारी हो, जो शस्त्र रखता हो।

ऐसे पुरुष को मनुष्य मात्र को दुःख देने वाला, हिंसक, चोर, धन या धरोहर का हर्ता, विष का प्रयोग करने वाला या गूढ़ जीविका से प्रजा को पीड़ा देने वाला समझ लेना चाहिए। इन शंकाओं से गुप्त अपराध करने वाले पुरुष पर संदेह किया जा सकता है।

चोर को निम्नलिखित विधि से खोजने का यत्न करना चाहिए। जो वस्तु चोरी हो गई हो, उसके व्यापारियों को तुरन्त सूचना दे दी जाए। जब वह वस्तु बिकने के लिए व्यापारी के पास पहुंचे, तो वस्तु लाने वाले पुरुष को पकड़ लिया जाए और उससे पूछा जाए कि 'तुमने यह वस्तु कहां से प्राप्त की है?' यदि वह पुरुष उसे खरीदा हुआ बताए तो इनके लेने का स्थान, समय, मूल्य और प्रमाण पूछा जाए। यदि उसका कहना सही निकले तो उसे छोड़ दिया जाए, अन्यथा उसे चोर समझा जाए। यदि वस्तु लाने वाला पुरुष प्रश्न करने पर कहे कि ''मैं इसे मांगकर या किराये पर लाया हूं, या इस वस्तु को अमुक मेरे पास गिरवी, धरोहर या बदले में रख गया है, या इसे सुधरवाने मेरे पास लाया है'', तो इस बात की खोज की जाए। सही निकलने पर उसे छोड़ दिया जाए, अन्यथा उसे चोर समझा जाए।

जिस घर में चोरी हुई हो यदि उसमें घुसना-निकलना द्वार के बिना हुआ

हो; द्वार की सन्धि (खिड़की) से प्रवेश हुआ हो या चूल से किवाड़ उतार दिया गया हो; ऊंचे मकान के झरोखे, खिड़की या रोशनदान तोड़ दिए गए हों, चढ़ने और उतरने के लिए दीवार में गड्ढे बना लिए गए हों, या दीवार तोड़ दी गई हो; छिपे हुए द्रव्य को निकालने के उपाय किए गए हों, जो धन बिना बताए प्राप्त न हो सकता हो उसकी प्राप्ति का उद्योग किया गया हो; भीतर घुसकर मकान खोदा गया हो और फिर गड्ढे भर दिए गए हों—इन सब लक्षणों से यह समझना चाहिए कि चोरी किसी घर के आदमी ने की या करवाई है। इस अवस्था में प्रायः घर के नौकर-चाकर अथवा घर के अन्य जुआरी, शराबी व व्यभिचारी-व्यसनी पुरुष पर सन्देह करना उचित है। चोर का पता लगाने के लिए ऊपर चढ़ने योग्य शरीर वाले, रगड़ के चिह्नों से युक्त, मिट्टी से भरे हुए केश, कटे-फटे नख वाले; अच्छी तरह स्नान के अनन्तर चन्दन लगाये हुए, तेल की मालिश से युक्त, तत्काल हाथ-पैर धोये हुए, कीचड़ में घुसने और निकलने के पद चिह्न वाले; जो माला व मद्य घर में थी उसकी गन्ध वाले तथा मकान में रखे वस्त्रों में जो लेप और पसीने की गन्ध थी वैसी ही गन्ध वाले पुरुष की राज्याधिकारी पड़ताल करे। ऐसा करने से कदाचित् चोर का ज्ञान हो जाता है।

घातकों द्वारा जब कत्ल का अपराध किया जाता है, उसकी पहचान भी सद्यमृतकों की परीक्षा से निम्नलिखित रूप में की जा सकती है।

जो अभी मारा गया हो, उसको तेल में डालकर परीक्षा करे। जिसका मल-मूत्र निकल गया हो, जिसके उदर या त्वचा में वायु भरा हो, जिसके हाथ-पैरों पर सूजन हो, जिसकी आंखें फट रही हों, जिसके गले में रस्सी आदि का चिह्न हो, तो उस व्यक्ति को रस्सी से गला घोंटकर मारा हुआ समझना चाहिए। यदि ऐसे पुरुष की बाहु और जांघें सिकुड़ी हों, तो उसको फांसी पर लटकाकर मारा हुआ समझना चाहिए।

जिसकी गुदा और आंख सिकुड़ गई हो, जीभ दांतों में दबी हो और पेट फूला हो, उसे जल में डुबोकर मारा हुआ जानना चाहिए।

जो रक्त से भीगा हो, उसके शरीर के अवयव कट गए हों, उसे लाठी और पत्थरों से मारा हुआ समझना चाहिए। जिसका सारा शरीर फट गया हो, उसे मकान से गिराकर मारा जानना चाहिए।

जिसके हाथ, पैर, दांत और नख काले पड़ गये हों; मांस, रोम और चर्म ढीला पड़ गया हो; मुंह झाग से भरा हुआ हो, उसे विष से मारा हुआ समझना चाहिए। यदि ऐसे पुरुष के किसी स्थान से रक्त निकल रहा हो, तो उसे सांप

या अन्य जन्तु के काटने या उस द्वारा कटवाने से मारा हुआ जानना चाहिए। जिसका शरीर और वस्त्र बिखरे हों, जो छटपटाता हो, जिसको दस्त और वमन हो रहा हो, उसे धतूरे के योग से मारा समझना चाहिए।

जो विष से मारा गया हो, उसके शेष भोजन की दूध द्वारा परीक्षा की जाए। मरे हुए व्यक्ति का हृदय अग्नि में डाला जाए। यदि उससे चट-चट शब्द और इन्द्र धनुष का रंग निकले तो उसे विषयुक्त समझना चाहिए।

प्रायः कत्ल का प्रयोजन स्त्री-प्रेम, दायाद्य-सम्बन्धी विवाद, शत्रु-द्वेष, व्यापार की प्रधानता या न्यूनता अथवा प्रतिशोध की भावना होती है। किसी भी कारण से रोष उत्पन्न हो जाने पर घातक किसी की हत्या कर देते हैं।

घातक की खोज कत्ल के स्थान पर वर्तमान साक्षियों द्वारा करनी चाहिए। अथवा मृत व्यक्ति के शरीर की माला, वस्त्र तथा उपयोग सामग्री को देखकर उनके बेचने वाले व्यापारियों से इसके विषय में पूछताछ की जाए कि वह मृत व्यक्ति किसके साथ में माला आदि खरीदने आया था। साथी के निवास-स्थान, व्यवहार आदि वृत्ति का पता लगाकर घातक की तहकीकात की जाए।

जो पुरुष रज्जु, शस्त्र, विष से या काम-क्रोध के वश में होकर अपने-आपको मार डाले; या कोई स्त्री किसी पाप के कारण आत्महत्या कर ले तो राजा उसे चाण्डाल द्वारा बंधवाकर राजमार्ग पर खिंचवाए और उसके शव को श्मशान पर न जलाने दिया जाए; न उस शव को उसके सम्बन्धियों को दिया जाए। जो सम्बन्धी आत्मघाती की प्रेत-क्रिया आदि करे, मरने के अनन्तर राजा उसे भी इसी तरह घसीटवाने की आज्ञा दे या उसे अपनी जाति से च्युत करवा दे।

5. अपराधियों को दण्ड देने की व्यवस्था

पुरुषं चापराधं च कारणं गुरुलाघवम्,
अनुबन्धं तदात्वं च, देशकालौ समीक्ष्य च।
उत्तमावरमध्यत्वं, प्रदेष्टा दण्डकर्मणि
राज्ञश्च प्रकृतीनां च, कल्पयेदन्तरा स्थितः॥

दण्ड देने वाला प्रदेष्टा अधिकारी अपराधी के व्यक्तित्व, अपराध, उसके कारण और गुरुता-लघुता का विचार करके एवं अपराध के परिणाम, तत्कालीन अवस्थाओं, देश और काल की परीक्षा करके तथा राजा और प्रजा का विवेक रखते हुए मध्यस्थ होकर उत्तम, मध्यम, अधम तीन प्रकार के दण्डों की उचित व्यवस्था करे।

जिसका अपराध प्रमाणित हो जाए, उसी को दण्ड देना चाहिए। अभियोक्ता के सम्मुख अपराधी के देश, जाति, गोत्र, नाम, कर्म, सम्पत्ति, सहायता और निवास के विषय में पूछा जाए। साक्षियों द्वारा उसके अपराध को सिद्ध किया जाए। अपराधी से पहले दिन के कार्य, रात्रि-निवास और गिरफ्तारी तक के सारे वृत्तान्त को मालूम किया जाए। यदि उसके छुटकारे के प्रमाण मिल जाएं, तो उसे छोड़ दिया जाए। यदि अपराध सिद्ध हो जाए, तो उसे उचित दण्ड दिया जाए। यदि कोई मनुष्य साधु पुरुष को चोर बनाए या चोर को छुपाये उस पर भी चोर के समान दण्ड होना चाहिए। यदि चोर ने वैर या द्वेष से किसी अन्य को पकड़वा दिया हो तो उसकी सफाई हो जाने पर उसे शुद्ध समझकर छोड़ दिया जाए। जब कभी डर से कोई अपने को चोर बता दे, तो उसे भी छोड़ देना चाहिए, क्योंकि कभी-कभी निर्दोष भी अचानक चोरों के मार्ग में पड़कर पकड़ लिया जाता है। किसी निरपराध व्यक्ति को दण्ड देने से प्रदेष्टा को सदा भय करना चाहिए।

एक महीने से कम की प्रसूता और गर्भिणी स्त्री को जेल का दण्ड नहीं देना चाहिए। स्त्री को जहां तक हो, आधी सज़ा देनी चाहिए या झिड़ककर छोड़ देना चाहिए।

थोड़ा अपराध करनेवाले बालक, वृद्ध, रोगी, नासमझ, पागल, भूखे, प्यासे, थके हुए, अधिक भोजन किए हुए, अजीर्ण के रोगी और दुर्बल अपराधी से जेल में काम नहीं करवाना चाहिए।

जिन अपराधियों ने भारी अपराध किए हों, उन्हें निम्नलिखित प्रकार के शारीरिक दण्ड दिए जा सकते हैं। अपराधी को 12 से 32 तक बेंत मारे जाएं, हाथ-पैर बांधकर औंधे लटकाया जाए; दो रस्सियों से अलग खेंचकर टांगों को बांध दिया जाए; दोनों हाथ बांधकर लटका दिया जाए, बायें हाथ को पीछे ले जाकर बायें पैर से, दायें हाथ को दायें पैर से बांध दिया जाए। हाथ के नाखूनों में सुइयां चुभोई जाएँ; खिचड़ी और लस्सी पिलाकर अंगुली के जोड़ों को जलाया जाए; घी पिलाकर सारा दिन धूप में खड़ा कर दिया जाए; जाड़े की रात में भीगी खाट पर सुलाया जाए इत्यादि। इस प्रकार के अन्य दण्ड खरपट्ट नाम के रचयिता द्वारा रचित 'चौर्यशास्त्र' से जाने जा सकते हैं।

ब्राह्मण को किसी भी अपराध में मृत्युदण्ड या शारीरिक दण्ड न दिया जाए। भिन्न-भिन्न अपराधों के लिए उनके मस्तक में लोहे से दागकर चिह्न कर दिया जाए, जिससे उसकी आमदनी और प्रतिष्ठा का पतन हो जाए। चोरी करने पर ब्राह्मण के मस्तक पर कुत्ते का; मनुष्य-वध में कबन्ध का, गुरुभार्या-गमन पर भग

और सुरापान करने पर मद्यध्वजा का चिह्न दाग देना चाहिए। राजा अपराध करने वाले ब्राह्मण के मस्तक पर इस प्रकार का चिह्न करके और जनता में घोषणा कराके ब्राह्मण को देश से निकाल दे या खानोंवाले पर्वत में रहने की आज्ञा दे दे।

जो तीर्थों पर जाकर धोखा दे, दूसरों की जेब काटे अथवा हाथ साफ करे, उसे अंगूठा काटे जाने का दण्ड दिया जाए। फिर वही अपराध करने पर उसके हाथ को भी काट दिया जाए।

कारीगर, शिल्पी, नट और तपस्वी पुरुषों की छोटी-मोटी वस्तु के चुराने पर सौ पण दण्ड हो। खेती के साधन हल आदि के चुराने पर दो सौ पण दंड होना चाहिए। जो अपराधी पशुओं का अपहरण करे, उसका एक पैर कटवा देना चाहिए।

जो शूद्र अपने को ब्राह्मण बतलाए और देवद्रव्य को हर ले, उसे औषधियों का अंजन लगाकर अंधा कर देना चाहिए। जो अभक्ष्य पशुओं के मांस को बेचे, उसका बायां हाथ और दोनों पैर काट देने चाहिए। यदि कोई मनुष्य का मांस बेचता पकड़ा जाए, उसे वध-दण्ड दिया जाना उचित है। देवता की प्रतिमा, सुवर्ण, रत्न अथवा अन्न के अपहरण करने वाले को भी मृत्युदण्ड दिया जाना उचित है।

लड़ाई-झगड़े में जो पुरुष किसी दूसरे पुरुष को मार दे, उसे भी कष्टपूर्वक मृत्युदंड देना चाहिए। यदि मद में आकर किसी पर प्रहार कर बैठे, तो उसका हाथ कटवाया जाए। यदि कोई पुरुष स्त्री का प्रहार से, औषधि द्वारा या कठोर काम करवाकर गर्भपात करा दे, उसे भी प्राणदण्ड दिया जाए।

राजा के राज्य को छीनने के अभिलाषी, राजा के रनिवास में व्यभिचार की चेष्टा करने वाले, राजा के शत्रुओं को उत्साह देने वाले अपराधी को उसके सिर और हाथ पर अंगारा रखवाकर मरवा देना चाहिए। माता-पिता, पुत्र, भ्राता, आचार्य वा तपस्वी के घातक पुरुष को उसकी खाल और सिर पर अंगारा रखवाकर मरवा देना चाहिए। यदि कोई पुरुष अपने माता-पिता को गाली दे, तो उसकी जिह्वा में छेद करा देना चाहिए।

जो अपराधी जल के रोकने वाले सेतु को तोड़ दे, उसको पानी में डुबो देना चाहिए। जो स्त्री या पुरुष किसी को विष देकर मारे, उसे भी पानी में डुबो देना चाहिए। यदि स्त्री गर्भवती हो तो बच्चा उत्पन्न हो जाने पर एक महीने के बाद उसे यह दंड देना चाहिए। जो स्त्री, अपने पति, गुरु वा सन्तान को मार दे अथवा घर को आग लगा दे उसे सांड़ों से रुंधवाकर मरवा देना चाहिए।

जो अपराधी चरागाह, खेत, खलिहान, घर, वन की वस्तु अथवा हाथियों के वन में आग लगा दे उसे आग में ही जला दिया जाए।

जो शस्त्रागार से शस्त्र या कवच चुराए, उसे बाणों से मार डालना चाहिए।

जो पुरुष रजोहीन कन्या पर हमला करे, उसके हाथ कटवा दिए जाएं। यदि वह कन्या मर जाए तो उसको भी फांसी दी जाए। जो रजस्वला कन्या पर प्रहार करे, तो उसकी बीच की अंगुली काट दी जाए। जो सगाई की हुई कन्या को दूषित करे उसके हाथ कटवा दिए जाएं। वरण के अनन्तर कन्या के सात ऋतु हो गए हों और किसी कारण से उसका पिता विवाह न करे तो पति उसे छीनकर ले जा सकता है, क्योंकि जो पिता अपनी कन्या का ऋतुघात करता है, वह कन्या पर अपना स्वत्व खो देता है।

यदि तीन वर्ष तक कन्या के ऋतु आता रहे और पिता उसका विवाह न करे तो उसी जाति का कोई भी पुरुष कन्या की इच्छा से उसके साथ सम्भोग करके उसका पति बन सकता है। यदि तीन वर्ष से अधिक ऋतु होते हो जाएं तो छोटी स्थिति का वर भी उस कन्या से स्वेच्छा से विवाह कर सकता है। परन्तु कन्या के आभूषणों पर उसका अधिकार न होगा। यदि वह पति पिता के दिए हुए उन अलंकारों को न लौटायेगा, तो उसे चोरी का दण्ड दिया जाएगा।

यदि कन्या और दिखाई गई हो और विवाह दूसरी से कर दिया जाए तो विवाह कराने वाले पिता पर सौ पण दण्ड होगा। जो क्षतयोनि कन्या को अक्षतयोनि बतलाकर विवाह करा दे, उसपर दो सौ पण दण्ड होगा।

जिस स्त्री का पति विदेश गया हुआ हो और देर तक न आए, पति का कोई बान्धव उस पर चादर डाल सकता है। उसी बान्धव के संरक्षण में स्त्री पति के आने की प्रतीक्षा करे। वापस आने पर यदि पति कोई आपत्ति नहीं करता, तो उन दोनों को क्षमा कर दिया जाता है। यदि पति क्षमा न करे तो स्त्री के नाक-कान काट दिए जाएं और उस जार को मार दिया जाए।

चोर के हाथ से छुड़ाई हुई, नदी के प्रवाह में डूबने से बचाई गई, दुर्भिक्ष अथवा देश-विप्लव के समय वन में छोड़ी हुई अथवा मरी समझकर फेंकी हुई स्त्री की जो पुरुष रक्षा करता है, वह उसकी अनुमति द्वारा उससे सम्भोग कर सकता है। परन्तु यदि वह स्त्री जाति में श्रेष्ठ हो, सन्तानवाली हो और उद्धारक के प्रति कामरहित हो तो उससे सम्भोग नहीं किया जा सकता। ऐसी स्त्री को उद्धारकर्ता अपने श्रम का मूल्य लेकर उसके पति को सौंप दे।

पंचम अधिकरण

राज्य-कर्मचारियों पर नियन्त्रण

1. अयोग्य कर्मचारियों को दण्ड की व्यवस्था

एवमर्थचरान् पूर्वं राजा दण्डेन शोधयेत्।
शोधयेयुश्च शुद्धास्ते, पौरजानपदान् दमैः॥

राजा प्रथम अपने कर्मचारियों को दण्ड द्वारा ठीक चलाए फिर उचित दण्ड-व्यवस्था द्वारा उन कर्मचारियों की सहायता से देश की जनता का ठीक-ठीक अनुशासन करे।

राजा को अपने कर्मचारियों पर कठोर नियन्त्रण रखना चाहिए। उनके अयोग्य अथवा भ्रष्टाचारी होने पर प्रजा बहुत पीड़ित होती है। इन प्रजापीड़कों को उचित-दण्ड व्यवस्था द्वारा अनुशासन में रखना नितान्त आवश्यक है, तभी प्रजा का हित-सम्पादन सम्भव हो सकता है।

जो कर्मचारी कोष, भण्डार और प्रेक्ष-शाला से कोई वस्तु चुरा ले, उसको, शरीर में गोबर और भस्म लपेटकर, ढिंढोरे के साथ नगर में घुमाया जाए अथवा सिर मुंडवाकर नगर से बाहर निकाल दिया जाए।

जो अध्यक्ष, गांव का मुखिया या अन्य कर्मचारी जाली दस्तावेज़ अथवा मुहर बनवाए, उसे कारागार में डाल देना चाहिए।

जो धर्माध्यक्ष बयान देते हुए पुरुष को फटकारता, धमकाता है, कचहरी से निकाल देता है या रिश्वत खा जाता है, अथवा पूछने योग्य बात को नहीं पूछता, नहीं पूछने योग्य को पूछता है; कुछ बात को पूछकर वहीं छोड़ देता है; साक्षी देना सिखाता है; किसी बात को याद दिलवाता या पूर्व बात को पूर्ण कर देता है, तो ऐसे अयोग्य धर्माध्यक्ष को पदच्युत कर देना चाहिए।

जो धर्मस्थ देने योग्य आज्ञा नहीं देता और नहीं देने योग्य आज्ञा देता है,

किसी झगड़े को बिना साक्षी के निपटा देता है, काल व्यतीत करके थके हुए वादी-प्रतिवादी को तंग करता है, ठीक-ठीक बोलते हुए वादी-प्रतिवादी को गड़बड़ा देता है अथवा साक्षियों को परामर्श देता है, उस धर्मस्थ को भी अपने पद से पृथक् कर देना चाहिए।

धर्मस्थान (कचहरी) का लेखक (मुहर्रिर) यदि लिखने की बात को न लिखे, नहीं कही हुई बात को लिख ले, अच्छी को बुरी और बुरी को अच्छी बनाकर लिख अथवा बात के तात्पर्य में विकल्प खड़ा कर दे, उस कर्मचारी को अपराध के अनुसार कम या अधिक जुर्माना लगाया जाए।

यदि कोई धर्माधिकारी अनुचित रूप से अदण्डनीय व्यक्ति को सुवर्ण-दण्ड अथवा शरीर-दण्ड देवे, तो राजा उस अधिकारी पर उससे दुगुना दण्ड लगाए।

जो अधिकारी दण्ड-स्थान अथवा बन्धनागार से अभियुक्त को चलता कर दे, उसे मृत्युदण्ड देना उचित है। जो कैदी को क्लेश दे, या रिश्वत के लिए तंग करे, कैद में आई स्त्री के साथ व्यभिचार करे और बन्धनागार की दासियों के साथ दुर्व्यवहार करे, उसे भी दण्ड देना उचित है।

राजा गुप्तचरों की नियुक्ति करे और उनके द्वारा उच्च अधिकारियों, अमात्यों आदि की शुद्धता ज्ञात करता रहे। जो अधिकारी दूषित हों, उन्हें राष्ट्रपाल अथवा अन्तपाल बनाकर राज्य के सीमा प्रान्त पर भेज दे और तीक्ष्ण पुरुषों द्वारा उन्हें मरवा दे अथवा उनके द्वारा अपने मारने का षड्यन्त्र नगर में घोषित कराकर उन्हें फांसी पर चढ़ा दे। इन अधिकारियों के पुत्र पिताओं के मर जाने पर यदि राजा से द्वेष न करें और पिता का बदला लेने का विचार न रखें, तो उन्हें योग्य होने पर पिता का अधिकार दे दिया जाए। राजभक्ति में परीक्षित कुलों के पुत्र वा पौत्र राज्यकार्य के संचालन में बहुत सहायक होते हैं।

2. कर्मचारियों की वेतन-व्यवस्था

भृतानामभृतानाञ्च विद्याकर्मभ्यां भक्तवेतनं विशेष कुर्यात्।

विद्या की योग्यता तथा कर्म की कुशलता को देखकर राजा अपने कर्मचारियों के वेतन तथा मजदूरी के पारिश्रमिक की व्यवस्था करे।

राजा अपने राष्ट्र तथा दुर्गों की आश्यकतानुसार कुल आय का चौथा भाग राज्य-कर्मचारियों के भरण-पोषण पर व्यय करे। राजा उन्हें शरीर-सुख के लिए इतना वेतन दे, जिससे वे उत्साहपूर्वक अपना कार्य कर सकें। परन्तु राजा कोई भी ऐसा कार्य न करे जिससे धर्म और अर्थ की हानि हो।

ऋत्विक्, आचार्य, मन्त्री, पुरोहित, सेनापति, युवराज, राजमाता और राजमहिषी को 48000 पण प्रतिवर्ष वेतन प्राप्त होना चाहिए। इतने वेतन से वे प्रलोभन का शिकार नहीं बनते और असन्तुष्ट होकर राजद्रोह नहीं करते।

अन्तःपुर-रक्षक, शस्त्राध्यक्ष, समाहर्ता, सन्निधाता तथा अन्नपाल को 24000 पण वार्षिक वेतन दिया जाए। कुमार, कुमारों की माता, नगर-रक्षक, पण्याध्यक्ष, नायक (कोतवाल), कर्मान्ताध्यक्ष (कारखानों के निरीक्षक) तथा राष्ट्रपाल को 12000 पण सालाना वेतन मिले। इतने से वे राजा के भक्त बने रहेंगे और उसके शक्तिशाली सहायक बनेंगे।

पैदल सेना के अध्यक्ष, अश्वारोही, रथारोही, गजारोही, सेना के स्वामी तथा हस्ति वनों के अध्यक्ष को चार सहस्र वार्षिक वेतन मिलना चाहिये। सेना के चिकित्सक, अश्व-शिक्षक, पशु-पालक तथा इंजीनियर को वार्षिक दो सहस्र पण मिलना उचित है। ज्योतिषी, शकुनवादी, मुहूर्त बताने वाले, पौराणिक, सूत, मागध, पुरोहितों के सेवक तथा अन्य छोटे अध्यक्षों को एक सहस्र वार्षिक वेतन दिया जाये। चित्रकार, लेखक, गणक, लिपिकार आदि कर्मचारियों को पांच सौ पण प्रति वर्ष मिले। नटों को ढाई सौ, साधारण कारीगरों को एक सौ बीस तथा घर के सेवकों को साल-भर में साठ पण वेतन मिले।

राजा राजसूय आदि यज्ञ करने के समय मन्त्री, पुरोहित आदि को तिगुना वेतन दे। सन्तरियों व गुप्तचरों को पांच सौ पण प्रति वर्ष दे। इनमें यदि कोई विशेष काम करे, तो उसे विशेष वेतन भी दिया जा सकता है।

जो सौ या हजार ग्रामों का अध्यक्ष हो, वह अपने अधीन गोप आदि अधिकारियों के वेतन, लाभ, नियुक्ति, स्थान-परिवर्तन आदि की व्यवस्था करे। राजप्रासाद, दुर्ग तथा सीमा प्रान्त पर नियुक्त अधिकारियों का स्थान-परिवर्तन नहीं किया जाएगा, वे स्थायी रूप से अपने पदों पर स्थिर रहेंगे।

जो राज्यकर्मचारी कर्तव्य पालन करते हुए मर जाएं, उनकी पत्नी तथा पुत्रों को निर्वाह-वेतन दिया जाएगा। यदि अन्य कोई सम्बन्धी वृद्ध या रोगपीड़ित हो, उसकी भी सहायता की जाएगी। राज्य-कर्मचारियों के सन्तान उत्पन्न होने के समय, सन्तान के विवाह के समय तथा मृत्यु के अवसर पर भी कर्मचारियों को धन देकर सहायता की जाएगी।

प्रत्येक राज्य-कर्मचारी का वेतन उसकी विद्या-सम्बन्धी योग्यता तथा कर्म-कुशलता को देखकर निश्चित किया जाएगा। यदि कोष में धन कम हो तो वेतन के स्थान पर धान्य और पशु भी दिया जा सकेगा अथवा वेतन के रूप में गांव की ज़मीन जागीर के तौर पर दी जा सकेगी।

राजा गुरुओं, आचार्यों तथा विद्वानों को उनके निर्वाहार्थ पूजा-वेतन नियमपूर्वक भेंट करता रहे।

3. राज्य-कर्मचारियों का कर्तव्य

पृष्टः प्रियहितं ब्रूयात् न ब्रूयादहितं प्रियम्।
अप्रियं वा हितं ब्रूयात् शृण्वतोऽनुमतो मिथः॥

अमात्य आदि राज्य-कर्मचारी पूछे जाने पर राजा को प्रिय और हितकारी बात कह दे। उसे अहितकारी बात, यद्यपि प्रिय हो, न कहें; परन्तु हितकारी बात, यद्यपि अप्रिय हो, अवश्य कह दें। राजा के अनुमति देने पर और ध्यानपूर्वक सुनने पर ही अमात्य अपनी मन्त्रणा दें।

विद्वान् पुरुष आत्मगुणसम्पन्न राजा का ही आश्रय ले। जो आत्मगुण-सम्पन्न नहीं है, उसका कदापि आश्रय ग्रहण न करे। क्योंकि अनात्मज्ञ राजा, नीतिशास्त्र के ज्ञान के अभाव के कारण अनर्थकारक मृगया आदि व्यसनों में फंसा रहेगा और एक दिन अपना ऐश्वर्य नष्ट कर बैठेगा। यदि राजा आत्मगुणसम्पन्न होगा, उसे नीतिशास्त्र की शिक्षा से सन्मार्ग पर लाया जा सकता है।

जब कभी राजा मन्त्रणा के योग्य कार्यों में मन्त्री की सम्मति ले, तो उस मन्त्री का कर्तव्य है कि वह वर्तमान तथा भविष्य में कल्याणकारी धर्म तथा अर्थ से संयुक्त सन्मन्त्रणा निर्भयतापूर्वक प्रदान करे। चतुर राजपुरुष राजसभा में कभी झगड़कर बात न करे, असभ्य और मिथ्या भाषण न करे, एवं उपहास के समय के अतिरिक्त कभी ज़ोर से न हँसे। जब राजा हँसे, तो हँसे। परन्तु तब भी अट्टहास न करे।

बुद्धिमान मन्त्री तथा समाहर्ता आदि राज्य-अधिकारी राज्य के व्यय को कम करने की सदा चेष्टा करें और आय-वृद्धि करने में सदा तत्पर रहें। दुर्ग में अथवा बाहर राष्ट्र में होने वाले सार्वजनिक कार्यों का सदा निरीक्षण करते रहें कि राजकोष का कहीं निरर्थक दुरुपयोग तो नहीं हो रहा।

यदि राजा स्वयं मृगया, मद्य, द्यूत अथवा स्त्रियों में धन का नाश करता हो, तो बुद्धिमान मन्त्री उसके इन व्यसनों को दूर करने की निरन्तर चेष्टा करे।

योग्य मन्त्री राजा की शत्रुओं से तथा प्रजा में फूट डालने वाले अमित्रों से रक्षा करता रहे। वह उसे यही मन्त्रणा दे कि तुम बलवानों से कभी युद्ध मत छेड़ना; जिस समय किसी शत्रु के बलवान सहायक हों तो उस समय उस पर

चढ़ाई न करना; प्रजा को सदा संतुष्ट रखने का प्रयत्न करना, जिससे वह शत्रु के साथ षड्यन्त्र करने में प्रेरित न हो जाए।

राजा बहुत शीघ्र प्रसन्न होते हैं और बहुत शीघ्र कुपित हो जाते हैं, अतः बुद्धिमान मन्त्री को समयानुसार सुअवसर देखकर ही मन्त्रणा देनी चाहिए।

जब राजा बात को ध्यान से सुने, आसन दे; एकान्त में मिले; शंका के स्थान में भी शंका न करे; बातचीत में प्रेम दिखाए, हितकारी बातों को मान जाए; मुस्कराकर उत्तर दे; हाथ से छुए; प्रशंसा के साथ स्वागत करे, परोक्ष में गुणों का वर्णन करे, भोजन के समय याद करे; उसको साथ लेकर घूमने जाए; कठिनाई के समय उसकी सहायता करे; उसके साथियों का आदर करे; उससे गुप्त बात कह दे—इत्यादि, तो समझना चाहिए कि राजा प्रसन्न है।

इसके विपरीत यदि वह आंख उठाकर न देखे; ध्यान से न सुने; बोलते हुए रोक दे; आसन न दे; भृकुटि मरोड़ ले; दूसरे के साथ बात करने लगे; अचानक चल दे; अन्य की प्रशंसा करने लगे; भूमि या शरीर खुजलाने लगे; दूसरे को फटकारने या मारने लग जाए, उसकी विद्या, वर्ण और देश की निन्दा करे; बिगड़े कार्य का बार-बार कथन करे—इत्यादि, तो समझना चाहिए कि राजा कुपित है।

चतुर पुरुष पशु-पक्षियों की वृत्ति से भी जान लेता है कि क्या राजा उस पर प्रसन्न है या अप्रसन्न। भारद्वाज-पुत्र कनिङ्क ने क्रौंच पक्षी के बाईं ओर से निकल जाने से राजा के कोप को जान लिया और उसने अपने को बचा लिया। चारायण गोत्र के दीर्घ नामक आचार्य ने राजा द्वारा दिए हुए भोजन में तिनका देखकर उसके कोप को ताड़ लिया और वह वहां से चलता बना। राजा शतानन्द के मन्त्री किञ्जल्क ने हाथी के जल-सिंचन से राज्य-कोप को ताड़ लिया और वह भाग गया। कुत्ते के भौंकने को मार्ग में सुनकर पिशुन-पुत्र ने राजा के क्रोध को पहचान लिया और उससे मिलने न गया।

बुद्धिमान राजकर्मचारी समय को देखकर ही राजा के पास जाए और उसे अपने कर्तव्य के अनुसार हितकारी बात कहे। यदि राजा प्रसन्न न हो तो राजसभा में कदापि न जाए। प्रत्येक राजकर्मचारी अपने-अपने स्थान पर ही अपने कर्तव्य का धर्मपूर्वक पालन करे।

जब राजा पर असाधारण विपत्ति आए तो बुद्धिमान मन्त्री उसका प्रतिकार करने की चेष्टा करे। यदि वह अस्वस्थ हो जाये और उसका मृत्यु-समय समीप हो, तो प्रजा में उसकी अस्वस्थता का ज्ञान न होने दे, और ऐसा प्रसिद्ध कर दे कि राजा यज्ञ आदि कर्म में व्यस्त है, अतः वह किसी को दर्शन नहीं दे सकता।

यदि प्रजा में संदेह पैदा होने लगे तो किसी भी राजचिह्नधारी अन्य किसी पुरुष का दर्शन करा दे। किसी मित्र व शत्रु के दूत मिलने आएं तो उन्हें भी उसी बनावटी राजा से मिलवा दे।

तब वह बुद्धिमान मन्त्री किसी बहाने से कुछ मुख्य-मुख्य राजकुमारों को एकत्र कर ले। जो उनमें राजभक्त न हों, उन्हें दूर दुर्ग वा अरण्य में नियुक्त करके भेज दे। जो मुख्य राजकुमार हो उसे अपने वश में कर ले और उसके विरोधी अन्य राजकुमारों को परस्पर फोड़ दे।

आचार्य कौटिल्य कहते हैं कि जब राजा की मृत्यु होने वाली हो तो जो भी उत्तम गुणों से युक्त राजकुमार हो, उसे तुरन्त ही राज्य पर स्थापित कर देना चाहिए। यदि गुणसम्पन्न राजकुमार न हो तो गुणवती राजकन्या को राजगद्दी पर अभिषिक्त कर देना चाहिए। यदि वह भी न हो तो राजमहिषी को राज्य-सिंहासन पर बिठा देना चाहिए।

यदि योग्य राजकुमार राज्य पर स्थापित किया जाए, तो उसे राजा का प्रतिनिधि बतलाकर प्रजा में उसके प्रति भक्ति उत्पन्न करने का आयोजन करना चाहिए। राज्य कर्मचारियों और सैन्किों के वेतन तथा भत्तों में वृद्धि कर देनी चाहिए, सामन्तों को पुरस्कार, भूमि, कोष आदि देकर अनुगृहीत करना चाहिए,बन्दियों को कारागार से मुक्त करना चाहिए और वधदण्डप्राप्त अपराधियों के वधदण्ड क्षमा कर देने चाहिए।

अमात्य राजकुमार को इतिहास, पुराण तथा नीति-शास्त्र की शिक्षा द्वारा राज्य-कार्य के योग्य बनाए और बालिग हो जाने पर उसे राज्य-कार्य सौंप दे। स्वयं विश्राम करने की इच्छा प्रकट करे और तपस्या करने के लिए वन को चला जाए। यदि राजकुमार विवश करे तो हितेच्छुक अमात्य कुछ अधिक समय तक राज्य-शासन का संचालन करता रहे और अन्य योग्य, राजभक्त मन्त्रियों और अधिकारियों को राज्य-कार्य देकर, उचित समय पर पृथक् हो जाए।

प्रत्येक राज्य-कर्मचारी का कर्तव्य है कि अपने सुख, आराम एवं प्राणों का बलिदान करके भी राज्य और देश की सेवा करे। ऐसा करने से ही राज्य की उन्नति और अभिवृद्धि होती है एवं प्रजा का अधिकतम कल्याण सम्पन्न होता है। जो राज्य-कर्मचारी प्रजाहित तथा सेवा की भावना से ओत-प्रोत न हो, उसे अपने पद से पृथक् कर देना ही उचित है। योग्य, त्यागशील, राजभक्त तथा सेवापरायण कर्मचारियों पर ही देश का अभ्युदय निर्भर है।

षष्ठ अधिकरण

राज्य-सत्ता के सात अंग

1. राज्य-सत्ता की सात प्रकृतियां वा अंग

आत्मवान त्वल्पदेशोऽपि युक्तः प्रकृतिसम्पदा।
नयज्ञः पृथिवी कृत्स्नां जयत्येव न हीयते॥

आत्मगुण सम्पन्न राजा छोटे देश का स्वामी होता हुआ भी प्रभुत्व-सत्ता की प्रकृतियों से युक्त होकर अपनी नीति के बल से सारी पृथ्वी को जीत सकता है और कभी पराजित नहीं होता।

किसी राज्य की प्रभुत्व-सत्ता की सात प्रकृतियां अथवा सात अंग होते हैं—स्वामी, अमात्य, जनपद, दुर्ग, कोश, दण्ड तथा मित्र। इन सातों प्रकृतियों के सम्पन्न होने पर राष्ट्र प्रभुत्व-सत्ताधारी अथवा सर्वोपरि शक्तिशाली बनता है। ऐसा ही राष्ट्र अपनी समस्त प्रजाओं पर पूर्णतया अधिकृत होता है और परराष्ट्रों के आक्रमण अथवा हस्तक्षेप से उनकी रक्षा कर सकता है।

इन प्रकृतियों के गुणों का विवरण इस प्रकार से है। प्रथम, स्वामी राजा में इन गुणों का होना आवश्यक है। वह उत्तम कुल में उत्पन्न, धार्मिक, सत्यवादी, सत्यप्रतिज्ञ, सत्त्वसम्पन्न ,वृद्धों का मान करने वाला, कृतज्ञ, ऊंचे उद्देश्य वाला, महोत्साही, कार्य में देर न करने वाला, समर्थ सामन्तों से युक्त, दृढ़मति, उत्तम परामर्शदाताओं को परिषद् में बिठाने वाला, विनयशील तथा शास्त्र-मर्यादा को जानने की अभिलाषा वाला होना चाहिए। वही राजा बुद्धिगुणसम्पन्न होता है जिसमें सुनने की इच्छा, सुनकर ग्रहण करने, धारण करने तथा जानने तथा जानकर तर्क-वितर्क द्वारा निश्चय करने की इच्छा रहती है। वही राजा उत्साह-गुणसम्पन्न माना जाता है—जिसमें शूरता, अमर्ष (क्रोध), शीघ्रता (कार्य में देर न करना) तथा दक्षता (चतुराई) के गुण होते हैं।

इसके अतिरिक्त राजा अर्थपूर्ण वचन बोलने में कुशल, प्रतिभासम्पन्न, स्मृतिशक्तियुक्त, उन्नतचित्त, अकार्य का सुखपूर्वक निवारण करने योग्य; हाथी, घोड़े, शस्त्र आदि चलाने की विद्या में निपुण, विपत्ति के समय शत्रु पर चढ़ाई करने वाला; उपकार तथा अपकार में यथायोग्य बदला देने वाला; लज्जाशील, दुर्भिक्ष आदि आपत्तियों में प्रजा के लिए अन्न का विनियोग करने वाला; दीर्घदर्शी, परिणामदर्शी, देश-काल के अनुसार पुरुषाथी; संधि-विग्रह का सम्यक् ज्ञाता; त्याग, नियमानुकूल कोष-पण बढ़ाने वाला, शत्रु के छिद्र को पहचानने वाला, अपने आकार को छिपाने वाला, दीन पुरुषों की हँसी न करने वाला, टेढ़ी भृकुटी से न देखनेवाला; काम, क्रोध, लोभ, मोह, अहंकार, ईर्ष्या, पिशुनता आदि दुर्गुणों से रहित; प्रियभाषी, स्मितवदन तथा वृद्धों के उपदेश पर आचरण करने वाला हो।

प्रभुत्व-सत्ता के द्वितीय अङ्ग 'अमात्य' (राज्य मन्त्री) के आवश्यक गुणों तथा योग्यताओं का वर्णन प्रथम अधिकरण में कर दिया गया है।

अब तृतीय अङ्ग 'जनपद' अथवा राष्ट्र के गुण कहे जाते हैं। प्रत्येक राष्ट्र के सीमा प्रान्तों पर तथा मध्य में सुदृढ़ दुर्गों का निर्माण होना चाहिए, इस राष्ट्र में अपने तथा बाहर से आने वाले पुरुषों के भोजन के लिए पर्याप्त धान्य होना चाहिए। पर्वत ओर नदियाँ राष्ट्र की प्राकृतिक सीमाएँ होनी चाहिए। भूमि उपजाऊ होनी चाहिए जिसमें थोड़े परिश्रम से अन्न उत्पन्न हो सके। यह भूमि कीचड़, पत्थर, ऊसर, विषम स्थान, कंटक श्रेणी, सिंह आदि हिंसक जन्तु तथा भीषण वन से रहित होनी चाहिए। जिसमें खनिज-पदार्थ लकड़ी, पशुओं आदि की कमी न हो। जहां की जलवायु स्थास्थ्यवर्द्धक हो। जहां गौओं आदि पशुओं से पूर्ण गोचर स्थान हों। जल की वर्षा के बिना भी (अदेवमातृक) जहां अन्न प्रचुरता से उत्पन्न हो सकता है। जहां के किसान परिश्रमी और भूमिकर देने में समर्थ हों। जहां स्थल तथा जल-मार्गों द्वारा यातायात की पूरी सुविधा हो। जहां सारयुक्त पुण्य वस्तुओं का क्रय-विक्रय होता हो और जहां की प्रजा साधारणतया भक्त और पवित्र आचार वाली हो।

दुर्ग नाम की चतुर्थ प्रकृति का वर्णन द्वितीय अधिकरण में किया जा चुका है।

कोश नाम के पंचम अंग के निम्नलिखित गुण आवश्यक हैं। यह कोश पूर्वजों द्वारा या स्वयं धर्मपूर्वक संग्रह किया गया हो। इसमें स्वर्ण तथा रजत की प्रचुरता हो एवं अमूल्य रत्नों का संचय भी हो। यह कोष दुर्भिक्ष आदि दीर्घकालीन विपत्तियों को सहन करने योग्य हो। कोष-संग्रह का सविस्तार विवरण आगे किया जाएगा।

दण्ड-सम्पत् नामक छठे अंग का अभिप्राय राज्य की रक्षा के लिए संगठित सेना से हैं। इस सेना में पिता-पितामह की परम्परा से चले आते हुए अनुशासन में सुशिक्षित वीर सैनिक हों। इन सैनिकों के पुत्र तथा स्त्रियों के निर्वाह का उचित प्रबन्ध होना चाहिए। विशेषतया सैनिकों के प्रवास (चढ़ाई के लिए) में जाने पर उनके कुटुम्ब के भरण-पोषण की व्यवस्था सर्वथा सन्तोषप्रद होनी चाहिए। ये सैनिक दुःख सहन करने में समर्थ, युद्ध विद्या में विशारद, अप्रतिहत गति से आगे बढ़ने वाले और राजा की वृद्धि करने वाले हों।

सप्तम अंग मित्र-सम्पत् से अभिप्राय उस मित्र-वर्ग से है जो पितृ-पितामह-क्रम से चला आता हो, नित्य राज्य का हितैषी हो, किसी प्रकार का भेद न मानने वाला हो, और छोटे-बड़े सब कामों में सहायता करने वाला हो। इसके विपरीत, जो लोभी और क्षुद्र विचार वाला हो, अन्याय परायण हो, व्यसनी तथा निरुत्साह हो, दैव को मानने वाला अर्थात् 'जो कुछ होना होगा, वह हो जाएगा'—ऐसे विचार रखने वाला हो, जो सहायता करने का अनिच्छुक, वीरतारहित तथा अपकार में तत्पर हो—वह अमित्र-वर्ग है।

आत्म-गुणसम्पन्न राजा अयोग्य प्रकृति (अमात्य आदि) को भी योग्य बना लेता है, परन्तु जो राजा स्वयं अयोग्य है वह बुद्धिशाली और अनुरक्त प्रकृति का भी नाश कर बैठता है।

जिस राजा के आत्म-गुणहीन होने के कारण प्रजा बिगड़ चुकी हो, वह चारों समुद्रों तक भी पृथ्वी का अधिपति होता हुआ प्रजा द्वारा मार दिया जाता है या वह शीघ्र ही शत्रु के वश में चला जाता है।

2. कोष संग्रह के नियम तथा उपाय

पक्वं पक्वमिवारामात् फलंराज्यादवाप्नुयात्।
आमच्छेदभयादामं वर्जयेत् कोपकारकम्॥

राजा प्रजा से इस तरह कर-संग्रह करे जैसे बगीचे से पके-पके फल लिए जाते हैं। प्रजा जिस कर को देने में असमर्थ हो, उसे कच्चे फल की तरह ग्रहण न करे, क्योंकि अशक्त प्रजा से कर-संग्रह उसमें असन्तोष अथवा विद्रोह पैदा करने का कारण बनता है।

अर्थ-संकट होने पर राजा राज्यकोष को भरने के लिए प्रजा से कर-संग्रह करे। देश के जिस भाग में वर्षा अच्छी होती हो और धान्य प्रचुरता से उत्पन्न

होता हो, राजा वहां से धान्य का तृतीय वा चतुर्थ अंश भूमिकर रूप में ग्रहण करे। जो देश का भाग मध्य कोटि का हो अर्थात् जहां वर्षा कम होती हो, वहां कृषक लोग जितना भी यथाशक्ति दे सकते हों, उतना ही धान्य भाग कर रूप में ग्रहण करे। देश के जिस भाग में दुर्ग, सेतु, कारखाने, सड़क, जंगल के भवन, खान, हस्तिवन आदि हों, उसके अवर कोटि वाला होने के कारण से धान्योत्पत्ति बहुत कम होती है। राजा को वहां से कोई कर ग्रहण नहीं करना चाहिए। इसके विपरीत राजा को वहां के किसानों की अन्न, बैल तथा नकद रुपये से सहायता करनी चाहिए।

राजा किसानों से चतुर्थांश लेते समय बीज तथा खाने योग्य धान्य को छोड़ दे। देव-पितृ-पूजा तथा गौ के लिए धान्य को छोड़ दिया जाए। भिक्षुक, गांव के सेवक, नाई, धोबी आदि के लिए भी धान्य को बचा देना चाहिए।

जो किसान अपने खेत के धान्य को राजपुरुषों को दिखाने से पूर्व ही काट ले, उसे दण्ड होना उचित है। जो किसान किसी दूसरे के धान्य वा हल को चुरा लेता है, वह भी दण्ड का पात्र है।

राजकर्मचारी किसानों से धान्य का चौथा भाग, वन्य पदार्थों का छठा भाग; रूई, रेशम, औषध, फल, बांस आदि बेचने योग्य वस्तुओं का भी छठा भाग कर रूप में ले सकते हैं। वे हाथीदांत और चमड़े का आधा मूल्य ले सकते हैं। जो राजा का भाग दिए बिना इन वस्तुओं को बेच डालता है, उसे यथोचित दण्ड दिया जाए।

व्यापारियों से भी राजा कर-संग्रह करे। वह सोना, चांदी, हीरा, मणि, मोती, मूंगा आदि रत्नों की कीमत का पचासवां भाग; सूत, कपड़ा, तांबा, पीतल, कांसा, गन्ध, जड़ी-बूटी और सुरा की कीमत का चालीसवां भाग; और रस (घी, तेल आदि), लोहे जैसी चीज़ों की कीमत का तीसवां भाग कर रूप में ग्रहण करे। नट और वेश्या अपनी आमदनी का आधा भाग दें।

पशु बेचने वालों से भी कर-संग्रह किया जाए। मुर्गे और सूअर बेचने वाले से कीमत का आधा भाग; भेड़-बकरी वाले से छठा भाग; गौ, भैंस, खच्चर, गधे, ऊंट आदि बेचने वाले से दसवां भाग कोश-वृद्धि के लिए लिया जाए।

राजा प्रजा से समय-समय पर आर्थिक सहायता के रूप में भी धन ग्रहण करे। जो धनी पुरुष हों, उनकी प्रतिष्ठानुसार उनसे सुवर्ण ग्रहण किया जाए। जो थोड़ा धन दें, उनकी राजकीय गुप्त पुरुष निन्दा करें। अधिक धन देनेवालों का छत्र, पगड़ी, आभूषण आदि देकर आदर किया जाए।

किसी चैत्य (बगीचे) में रात को एक वेदी बनवा दी जाए और उस पर देवता स्थापित कर दिया जाए। यह बड़ा पुण्यस्थान है, इसमें देवता भूमि फोड़कर निकला है, इस तरह इस देवता के चैत्य को प्रसिद्ध कर दे। फिर उसका मेला लगाकर राजा जनता से धन बटोरे। देवता के चैत्य में किसी वृक्ष में किसी प्रकार, उसकी ऋतु के बिना पुण्य-फल लगवाकर, उसके द्वारा देवता की बहुत प्रसिद्धि करके भी राजा धन-संग्रह कर ले। उसी चैत्य के किसी छिद्र में या वल्मीक में सर्पदर्शन कराके, उसे नाग देवता प्रसिद्ध करके भी श्रद्धालु पुरुषों से धन इकट्ठा कर ले।

इस प्रकार अन्य अनेक उपायों से राज्यकोष की अभिवृद्धि करता रहे, क्योंकि कोष से ही जनपद एवं दुर्ग की रक्षा, दण्ड का धारण और मित्र तथा अमात्य आदि प्रकृतियों की प्राप्ति हो सकती है। कोषहीन स्वामी अपनी प्रभुत्वसत्ता को स्थिर नहीं रख सकता, अतः राजा कोष-संग्रह में सदा तत्पर रहे।

3. दण्ड तथा मित्र-बल का संग्रह

नेमिमेकान्तरात् राज्ञः कृत्वा चानन्तरानरान्।
नाभिमात्मानमायच्छेत्, नेता प्रकृतिमण्डले॥
मध्यऽभ्युपहितः शत्रुः, नेतुः मित्रस्य चोभयोः।
उच्छेद्यः पीडनीयो वा, बलवानपि जायते॥

विजयाभिलाषी राजा राजमण्डल-रूपी चक्र में एक राज्य से आगे रहने वाले मित्र राजाओं को नेमि, समीप के राजाओं को अरे और अपने-आपको नाभि के तुल्य समझे। विजयी राजा और उसके मित्र के बीच में फंसा हुआ शत्रु यदि बलवान भी हो, तो भी वह उखाड़ा या पीड़ित किया जा सकता है।

राजा अपनी प्रभुत्व-सत्ता को दृढ़ करने के लिए दण्ड-बल तथा मित्रबल का भी संग्रह करे। तभी वह अपने राष्ट्र की रक्षा करने में समर्थ हो सकता है।

दण्ड अथवा सेना छः प्रकार की होती है :

मौल—राजधानी की रक्षा करने वाली सेना। यह पितृ-पितामह क्रम से आए हुए, सुपरीक्षित एवं अनुरक्त सैनिकों की सेना है, जिसे कठिन युद्ध-क्षेत्रों में लगाया जाता है, जहां अन्य सेनाएं युद्ध नहीं कर सकतीं।

भृतक—वेतनभोगी सेना। इसका प्रयोग मौल सेना के कम हो जाने पर किया जाता है। इसके सैनिक वेतन ग्रहण करने की इच्छा से युद्ध में भाग लेते हैं।

श्रेणी—गिरोह बनाकर लड़ने वाली सेना। जब शत्रु छिपकर धोखे से लड़ना चाहता हो तब श्रेणीबल का प्रयोग किया जाता है। उसमें देश की भिन्न-भिन्न

श्रेणियों वा गणों से सैनिक संग्रहीत किए जाते हैं।

मित्र–युद्ध की सफलता के लिए जब किसी मित्र राजा की सेना की सहायता ग्रहण की जाए, उसे मित्र-बल कहते हैं। इससे शत्रु पर दूसरा मोर्चा लगाकर आक्रमण किया जाता है।

अमित्र–शत्रु की जो सेना अपने वश में आ जाए, उसे अमित्र-बल कहते हैं। इसे अपने सीधे निरीक्षण में प्रयोग करना उचित है। इसे लड़ने के अतिरिक्त युद्ध के अन्य कार्यों–खाई खोदना, सामान ले जाना, रसद पहुंचाना आदि पर लगाना उपयुक्त है, जहां वे अपने पक्ष की सेना में जाकर मिल न सकें।

आटविक सेना–वह है जो शत्रु-देश में जाने के समय मार्ग-निदर्शन करने का काम करती है। वह शत्रु की आटविक सेना से युद्ध करने में बहुत सहायक होती है।

इनके अतिरिक्त एक और भी सेना होती है, जिसे औत्साहिक कहते हैं। यह सेनापति से रहित, अनेक जाति के वीरों से युक्त तथा राजा की आज्ञा से बनी या स्वतन्त्र बनी होती है। इसका काम शत्रु-देश में लूटमार करना होता है।

कुछ पूर्वाचार्यों का मत है कि ब्राह्मण, क्षत्रिय, वैश्य और शूद्र सेनाओं में तेज की प्रधानता के कारण पूर्व वर्ण की सेना संग्रह के लिए उत्तम होती है, परन्तु कौटिल्याचार्य का कहना है कि ऐसा नहीं है। ब्राह्मण-बल नमस्कार करने मात्र से शत्रु को क्षमा कर देता है, अतः शस्त्रविद्या में कुशल क्षत्रिय सेना ही सर्वश्रेष्ठ मानी जानी चाहिए। बहुत-से वीर पुरुषों से युक्त वैश्य या शूद्र की सेना हो तो उसे भी उत्तम ही समझना चाहिए।

हाथी सेना के मुकाबले में हाथी, यन्त्र, कुन्त, पाश एवं शल्यधारी सेना का प्रयोग ही समुचित है। रथबल के सम्मुख अंकुश-कवचग्राहिणी (कौंचा) आदि शस्त्रों से युक्त सेना युद्ध के लिये भेजनी चाहिए। अश्वसेना का मुकाबला करने के लिये कवचधारी अश्वारोहियों की सेना भेजना उचित है। पैदल के सामने शस्त्र-सुसज्जित पैदल सेना भेजनी चाहिये। इस तरह चतुरंगिणी सेना की व्यवस्था करनी चाहिए। राजा अपनी सेना के प्रत्येक अंग को पुष्ट करे और शत्रु की पुष्टि में विघ्न डालता रहे। इस प्रकार सेना का आयोजन शत्रु को पराजित करने में समर्थ होता है।

राजा को मित्र सम्पत् का भी संग्रह करना चाहिए। साथ ही उसको अमित्र-बल का भी ज्ञान रखना चाहिए और उसे सदा वश में रखने का प्रयत्न करना चाहिए।

राजा के चारों ओर, समीप की भूमि में बसा हुआ दूसरा राजा स्वभाव से अमित्र वा शत्रु होता है। परन्तु इस शत्रु के साथ अर्थात् बीच में एक राज्य पड़ने पर आगे जो राजा होता है, वह स्वभाव से मित्र होता है, क्योंकि वह अपने पड़ोसी का शत्रु होता है।

उस प्रकृतिमित्र के अनन्तर का राजा अरिमित्र (शत्रु का एक व्यवधान होने से उसका मित्र), तदनन्तर मित्रमित्र (अपने मित्र का एक व्यवधान होने से मित्र, अतः अपना ही मित्र) तथा अन्त में अरिमित्र (अर्थात् अपना शत्रु) होता है।

इस तरह राजमण्डल की रचना को अच्छी तरह जान लेना चाहिए और तदनुसार सावधान होकर व्यवहार करना चाहिए। प्रत्येक विजिगीषु राजा मित्र तथा अमित्र का विवेक करके अपनी त्रिविध शक्तियों को बढ़ाने की चेष्टा करे और उनके द्वारा त्रिविध सिद्धियों को संग्रहीत करे।

त्रिविध शक्तियां ये हैं—मन्त्रशक्ति अर्थात् ज्ञानबल प्राप्त कराने की शक्ति, प्रभुशक्ति अर्थात् कोष तथा दण्डबल को प्राप्त कराने की शक्ति और उत्साहशक्ति अर्थात् पराक्रम का बल प्राप्त कराने की शक्ति।

इसी प्रकार सिद्धि भी तीन प्रकार की है। मन्त्रशक्ति से सिद्ध होने वाली मन्त्रसिद्धि, प्रभुशक्ति से सिद्ध होने वाली प्रभुसिद्धि और उत्साह-शक्ति से सिद्ध होने वाली उत्साहसिद्धि कहलाती है।

इन शक्तियों और सिद्धियों से युक्त राजा अभ्युन्नत तथा बलवान माना जाता है। इनसे हीन अवनत तथा दुर्बल कहा जाता है। अतः राजा अपने भीतर इन शक्तियों और सिद्धियों को धारण करने का प्रयत्न करे। ऐसा करने से विजयाभिलाषी राजा राजमण्डल रूपी चक्र की नाभि में स्थित हुआ मित्रों का संग्रह और अमित्रों का वशीकरण कर सकता है।

4. राज्यांगों की विपत्तियों का सापेक्ष महत्त्व

यतो निमित्तं व्यसनं, प्रकृतीनामवाप्नुयात्।
प्रागेव प्रतिकुर्वीत, तन्निमित्तमतन्द्रितः॥

राजा जिन-जिन कारणों से अमात्य-दण्डकोश आदि राज्यांगों पर विपत्ति को आता हुआ देखे, वह उन-उन कारणों का पहले ही बड़ी सावधानी से प्रतिकार अथवा निराकरण कर दे।

स्वामी, अमात्य, जनपद, दुर्ग, कोश, सेना और मित्र—राज्य के इन सप्तांगों में पीछे की अपेक्षा पहले पर आई हुई विपत्ति को अधिक भयावह माना जाता है।

परन्तु आचार्य भारद्वाज इस मत को नहीं मानते। उनका कथन है कि स्वामी और अमात्य के संकट में स्वामी की अपेक्षा अमात्य पर आया हुआ संकट अधिक दुःखदायी होता है, क्योंकि मन्त्र, फल की प्राप्ति, कार्यों का अनुष्ठान, आय-व्यय, सेना का संगठन, शत्रु और वनचरों का प्रतिकार, राज्य-रक्षा, व्यसनों से बचाना,

कुमार-रक्षण, कुमारों का अभिषेक इत्यादि सारी बातें अमात्यों के अधीन होती हैं। यदि अमात्यों को कोई हानि पहुंचेगी तो इन सारे कार्यों का विनाश होगा। अमात्य के बिना राजा की वही अवस्था होती है, जो पर कटे हुए पक्षी की होती है। विपत्ति उपस्थित होने पर राजा स्वयं कुछ भी चेष्टा नहीं कर पाता। फिर अमात्य राजा के समीप न रहने से शत्रु द्वारा तोड़-फोड़ लिए जाते हैं। यदि वे बिगड़ उठें तो राजा के प्राणों की बाधा खड़ी हो जाती है।

आचार्य कौटिल्य भारद्वाज से सहमत नहीं। उनका कथन है कि अमात्य की अपेक्षा राजा की विपत्ति अधिक भयावह है। मन्त्री, पुरोहित, अध्यक्ष आदि की नियुक्ति; सेना, जनपद, दुर्ग आदि की व्यवस्था तथा समृद्धि राजा स्वयं ही करता है। यदि अमात्य व्यसन में फंस गए हों तो उनके स्थान पर अन्य व्यसनहीन अमात्यों को राजा नियुक्त कर सकता है। पूज्य के पूजन तथा दुष्ट के निग्रह में राजा ही तत्पर होता है। यदि राजा योग्य हो तो अपनी प्रकृति से अमात्य आदि को सम्पत्तियुक्त बना सकता है। राजा जिस आचरण का होता है, उसके अमात्य आदि भी उसी आचरण के बन जाते हैं। इनकी उन्नति और अवनति राजा के ही अधीन है। अतः इन सातों प्रकृतियों में मुख्य प्रकृति राजा ही माना गया है और राजा पर आई विपत्ति भीषणतम विपत्ति मानी गई है, जिसका प्रतिकार सर्वप्रथम होना आवश्यक है।

अमात्य और जनपद में संकट उपस्थित होने पर जनपद-व्यसन भारी माना जाना चाहिए। ऐसा विशालाक्ष आचार्य का मत है, क्योंकि कोष, सेना, वस्त्र, लोहा, तांबा, घृत, अन्न आदि सब पदार्थ जनपद से प्राप्त होते हैं। यदि जनपद की क्षति होगी तो इन सब पदार्थों की क्षति हो जाएगी। इन पदार्थों के न मिलने से राजा और अमात्य का भी नाश ही समझना चाहिए।

परन्तु कौटिल्याचार्य इस मत के विरुद्ध हैं। वे तो जनपद के सब कार्यों को अमात्य के अधीन मानते हैं। जनपद के दुर्ग, कृषि आदि कार्यों की सिद्धि, राजकीय परिवार और प्रान्तपाल आदि द्वारा योग-क्षेम साधन, विपत्तियों का प्रतिकार, निर्जन स्थानों का बसाना, उनका विकास करना, दण्ड देना और राज्य-कर का संग्रह करना इत्यादि सारे कार्य अमात्यों के बिना नहीं हो सकते। अतः अमात्यों पर पड़ी विपत्ति का अधिक महत्त्व है और उसका प्रतिकार पहले किया जाना आवश्यक है।

जनपद (राष्ट्र) और दुर्ग व्यसन में दुर्ग-व्यसन अधिक महत्त्वशाली है। यह पराशर का मत है। दुर्ग के अधीन ही कोष और सेना होती है। शत्रु द्वारा आपत्ति खड़ी होने पर दुर्ग में ही रक्षा प्राप्त होती है। परन्तु कौटिल्याचार्य का मत है कि

दुर्ग, कोष, सेना, सेतुबन्धन, कृषि, व्यापार आदि सभी जनपद के अधीन हैं। यदि नगर वा राष्ट्र न हों तो पर्वत और द्वीपों के जनपद भी सूने पड़े रहते हैं। अतः दुर्गों की अपेक्षा जनपद के व्यसन का प्रतिकार प्रथम अपेक्षित होना चाहिए।

दुर्ग और कोष के व्यसन में कोष-व्यसन को पिशुनाचार्य अधिक महत्त्व देते हैं। दुर्गों की मरम्मत और दुर्गरक्षा कोष के ही अधीन है। कोष से ही सैनिक शक्ति का संग्रह किया जा सकता है और शत्रु को जीता जा सकता है। कोष के आश्रय से ही व्यसन से छुटकारा पाया जा सकता है; केवल दुर्ग के आश्रय से कुछ नहीं बन सकता। परन्तु कौटिल्याचार्य इस मत को ठीक नहीं मानते। वे तो कोष और सेना भी दुर्ग के अधीन मानते हैं। यदि दुर्ग न हो तो कोष ही दूसरों के पंजों में चला जाएगा। जिनके पास दृढ़ दुर्ग होते हैं, उनका उच्छेद नहीं हो सकता।

कोष और सेना के संकट उपस्थित होने पर सेना का संकट अधिक दुःखदायी है—ऐसा कौणपदन्त आचार्य मानते हैं। सेना के होने से ही मित्र और शत्रु का निग्रह होता है, यदि सेना न हो तो निश्चय कोष का विनाश होकर रहेगा। कौटिल्याचार्य इस मत से भी सहमत नहीं। वे तो कोष के अधीन सेना को मानते हैं। यदि कोष न हो तो सेना भी शत्रु के पास चली जाती है या स्वामी को ही मार देती है। कोष धर्म और काम का हेतु माना गया है। सारी वस्तुओं की प्राप्ति के साधन कोष होने से कोष का व्यसन अधिक क्लेशकर मानना उचित है।

सेना और मित्र के व्यसन में मित्र-व्यसन भारी माना जाता है—ऐसा वातव्याधि आचार्य का मत है, क्योंकि मित्र बिना द्रव्य लिए भी आपत्ति का प्रतिकार कर देता है। परन्तु कौटिल्याचार्य इस मत के भी विरुद्ध हैं। उनका कथन है कि सैनिक शक्ति-सम्पन्न राजा के मित्र तो रहते ही हैं, परन्तु उसके तो शत्रु भी मित्र बन जाते हैं। अतः सेना के व्यसन का अधिक महत्त्व मानना उचित है।

जब राज्य की प्रकृतियों पर एकसाथ संकट उपस्थित हो तो राजा सबसे प्रथम अपनी रक्षा करे; तदनन्तर अमात्य, जनपद, दुर्ग आदि शेष प्रकृतियों की रक्षा करे।

5. राज्य-संकटों का निवारण

पीडनानामनुत्पत्तौ उत्पन्नानां, च वारणे।
यतेत देशवृद्धयर्थं, नाशे च स्तम्भसंगयोः॥

राजा राज्य-संकटों के उत्पन्न न होने तथा हो जाने पर उनके निवारण करने का यत्न करे। वह देश की समृद्धि के लिए सदा सचेष्ट रहे और उन सब बाधाओं के नाश में तत्पर रहे, जो समृद्धि के मार्ग में रुकावटें पैदा करती हों।

राज्य का सबसे बड़ा संकट वैराज्य अर्थात् राजा का न होना है। वह द्वैराज्य (एक राज्य में दो राजाओं का होना) से भी बुरा है। राज्य में दो राजा तो प्रजा को अधिकाधिक अनुग्रह द्वारा सन्तुष्ट करना चाहते हैं और अपने-अपने प्रभुत्व की स्थापना करना चाहते हैं। जो प्रजा की अधिक सन्तुष्टि तथा स्वीकृति प्राप्त कर लेता है, समयान्तर से एकदम राजा बन जाता है। वैराज्य में तो बलवान निर्बल को खा जाता है। प्रजा के प्रत्येक व्यक्ति का जीवन संशयारूढ़ रहता है और प्रजा का सर्वनाश हो जाता है।

राज्य का दूसरा बड़ा संकट राजा का शास्त्र-चक्षु से हीन होना है। जो शास्त्र-विद्या से रहित है, वह प्रजा में न्याय की व्यवस्था नहीं कर सकता। परिणामस्वरूप प्रजा अत्यन्त पीड़ित हो जाती है। कौटिल्य का कथन है कि शास्त्रहीन अन्धे राजा को मन्त्री शीघ्र ही कुपथगामी बना देते हैं और मनमानी करके उस राजा और राज्य का नाश कर देते हैं।

राज्य का तीसरा संकट प्रजा का व्यसनी होना है। अशिक्षा सब व्यसनों की जननी है। अशिक्षित व्यक्ति व्यसनों में लिप्त होकर कोप और काम का शिकार बन जाते हैं। कौटिल्य का मत है कि काम से द्वेष, शत्रु-उत्पत्ति तथा दुःखों की प्राप्ति होती है; और काम पराजय तथा द्रव्यनाश का हेतु होता है। काम से वशीभूत लोग मृगया (शिकार), द्यूत (जुआ), स्त्रीसंग और सुरापान—इन चार पापों की तरफ तीव्रता से प्रवृत्त होते हैं।

मृगया और द्यूत में मृगया बड़ा व्यसन है, ऐसा पिशुनाचार्य का मत है, क्योंकि मृगया में चोर, शत्रु, हिंस्र जन्तु, दावानल, पर्वत आदि से गिरने, मार्ग भूल जाने तथा भूख-प्यास का बड़ा भय रहता है, यहां तक कि प्राणों पर भी आ बनती है। द्यूत में तो पांसों का खिलाड़ी जीत ही लेता है। जयत्सेन और दुर्योधन ने जूए के द्वारा विजयी होकर राज्य प्राप्त किया।

कौटिल्याचार्य इस मत से सहमत नहीं। वे कहते हैं कि जूए की जीत अन्त में पराजय करा देती है। नल और युधिष्ठिर की इसी तरह तो पराजय हुई। दूसरी बात यह है कि जूए में जीता हुआ धन मनुष्य के मांस के तुल्य होता है और उससे वैर का सिलसिला चल पड़ता है। जूए से धर्मपूर्वक कमाए हुए धन का नाश होता है; अधर्म से धन उत्पन्न किया जाता है। बिना भोग किए ही धन हाथों से चला जाता है और जूआ खेलते समय मूत्र-पुरीष से रोकने से तथा भूखा रहने से अनेक व्याधियों को मोल लिया जाता है। मृगया में तो व्यायाम, कफ, पित्त, भेद और स्वेद का नाश; चञ्चल शरीर पर लक्ष्य-वेधन का अभ्यास; कोप

और भय के स्थान पर प्राणियों की चेष्टा और मनोवृत्ति का ज्ञान इत्यादि गुण होते हैं।

द्यूत और स्त्री व्यसन में द्यूत को कौणपदन्त अधिक बुरा बताते हैं, क्योंकि लगातार रात-दिन, यहां तक कि माता के मरी पड़ी रहने पर भी, जुआरी जुआ खेलता रहता है। स्त्री-व्यसनी व्यक्ति तो स्नान-संध्या आदि के समय धर्मोन्मुख होता है और ऐसे समय में स्त्री-व्यसन से पराङ्मुख किया जा सकता है। परन्तु कौटिल्याचार्य का कथन है कि द्यूत में हारी हुई वस्तु तो फिर जीती जा सकती है, परन्तु स्त्रियों को सौंपी हुई वस्तु फिर वापस नहीं आती। स्त्री-व्यसनी राजा तो कभी दर्शन ही नहीं देता। उसे राज्य-कार्य करने में ग्लानि होती है। प्रत्येक कार्य में विलम्ब कर देने से कार्य और धर्म की हानि होती है। इससे राज्य की शासन-व्यवस्था ढीली पड़ जाती है।

स्त्री-व्यसन और सुरापान में आचार्य वातव्याधि स्त्री-व्यसन को अधिक दुःखदायी मानते हैं। स्त्री-व्यसन पुरुष का सर्वनाश कर देता है। मद्यपान में तो इन्द्रियों की शक्ति में वृद्धि, प्रीतिपूर्वक दान देना, परिजन का आदर और श्रम का निराकरण आदि गुण पाए जाते हैं। कौटिल्याचार्य इस मत को ठीक नहीं मानते। उनका कथन है कि स्त्री-व्यसन से पुत्रलाभ तो होता है, परन्तु सुरा-व्यसन से तो सर्वनाश ही होता है। सुरा-व्यसनी बिना मरे ही मृतक की तरह पड़ा रहता है। इस व्यसन से शास्त्र-ज्ञान, बुद्धि, धन और मित्र की हानि होती है। इससे सज्जनों का वियोग, अनर्थ कार्यों का संयोग, धन-नाश करने वाले लोगों की संगति के सिवाय और कुछ नहीं मिलता।

काम और क्रोध—ये दोनों ही महाव्यसन माने गए हैं। इन्हीं से उपर्युक्त सब दुष्प्रवृत्तियों की उत्पत्ति होती है। आत्मगुणसम्पन्न, जितेन्द्रिय तथा मेधावी व्यक्ति इन सब सर्वनाश करने वाले व्यसनों से अपनी रक्षा करता है। इन व्यसनों से रहित प्रजा ही राज्य का दृढ़ सम्बल बन सकती है।

राज्य के एक अन्य संकट दैवी प्रकोप से राष्ट्र में अग्निकाण्ड, अवृष्टि, अतिवृष्टि, दुर्भिक्ष और महामारी के पांच महान् जनपद-विनाशक क्लेश उत्पन्न होते हैं। अग्नि-बाधा और जलबाधा में अग्नि-बाधा अत्यन्त पीड़ा-जनक होती है। एकदम कोई प्रतिकार नहीं किया जा सकता और वह सबको जलाकर ही शान्त होती है। जल-बाधा में तो नौका आदि उपायों का आश्रय लिया जा सकता है। ऐसा कुछ आचार्यों का मत है। परन्तु कौटिल्याचार्य कहते हैं कि अग्नि तो आधा गांव या एक गांव जलाकर शान्त हो जाती है, परन्तु जल-प्रवाह तो सैकड़ों गांवों को ठंडा कर

देता है। अवृष्टि से दुर्भिक्ष हो जाने के कारण प्रजा का सर्वसंहार हो जाता है। जल-बाधा से अनेक व्याधियां और महामारियां आरम्भ हो जाती हैं, जिनसे सहस्रों जनपदों का ध्वंस हो जाता है। बुद्धिमान राजा इन सब दैवी संकटों से प्रजा की रक्षा के लिए समय से पूर्व ही निवारण के उपायों का प्रयोजन कर देता है।

राज्य का सबसे महान् संकट सेना-संकट है। इस संकट से राज्य ही नष्ट-भ्रष्ट हो जाता है। अतः राजा इसका प्रतिकार तुरन्त ही कर दे, जिससे वह राज्य से हाथ न धो बैठे।

सेना के संकट अनेक प्रकार के हैं, जिससे ग्रस्त होकर सेना राजा से विद्रोह कर देती है। उनमें से कुछ निम्नलिखित हैं :

सेना का उचित सम्मान न किया गया हो; उसका अपमान किया गया हो; उसे समय पर वेतन न दिया गया हो या पूरा वेतन न दिया गया हो। सेना व्याधिग्रस्त हो, क्षीण हो, लम्बे युद्ध से श्रान्त हो अथवा जिसे कठिन भू-भाग में भेज दिया गया हो।

सैनिक स्त्री-व्यसन में लिप्त हों, सन्तान से मोह करते हों और सदा घर वापस लौटने को उत्सुक हों।

इनमें अमानित तथा विमानित सेना का उचित आदर कर देने से प्रतिकार हो जाता है। अभृत सेना को वेतन चुका देने से सन्तुष्ट किया जा सकता है। व्याधित और क्षीण सेना को रोग-निवारण से समर्थ बनाया जा सकता है। जो परिश्रान्त सेना हो उसको स्नान, भोजन, शयन आदि के उचित प्रबन्ध से विश्राम कराके युद्ध योग्य किया जा सकता है। जो सेना कठिन भू-भाग में भेजी गई हो, उसे स्थानान्तरित करके अपने अनुकूल किया जा सकता है। स्त्री-व्यसन तथा गृहमोही सेना को दण्ड द्वारा कर्तव्य-मार्ग पर प्रेरित किया जा सकता है।

सेना के साथ किए गए दुर्व्यवहारों को लोप करना, अपनी सेना को दूसरी सेना से अधिक बलोत्साहित करना, दुर्ग-वन आदि में सेना को स्थित करना तथा बलवान पक्ष से सन्धि करना, ये सेना के दोषों का नाश करने के साधन हैं। विजयाभिलाषी राजा संकट के समय शत्रुओं से अपनी सेना की बड़ी सावधानी से रक्षा करे। सावधानी के साथ ही, शत्रुओं में कहीं छिद्र देखे तो फौरन उन पर प्रहार कर दे।

राजा जिन-जिन कारणों से राज्य पर संकट आता हुआ देखे, वह उन कारणों का पहले ही बड़ी सावधानी से प्रतिकार अथवा निराकरण कर दे।

सप्तम अधिकरण

राज्य में षड्गुणों की व्यवस्था

1. षड्गुण तथा उनके उद्देश्य

एवं षड्भिर्गुणैरेतैः स्थितः प्रकृतिमण्डले।
पर्येषेत क्षयात स्थान, स्थानात् वृद्धिं च कर्मसु॥

राजा अपने प्रकृतिमण्डल में स्थित हुआ षड्गुण-नीति द्वारा क्षीणता से स्थिरता तथा स्थिरता से वृद्धि की अवस्था में जाने की चेष्टा करे।

सन्धि, विग्रह, आसन, यान, संश्रय और द्वैधीभाव—षड्गुण नीति के छः अंग हैं। आचार्य वातव्याधि का कथन है कि वास्तव में गुण दो ही हैं—सन्धि और विग्रह। इन दोनों में ही शेष गुणों का अन्तर्भाव हो जाता है। परन्तु अन्य आचार्य इस कथन से सहमत नहीं, क्योंकि प्रत्येक गुण का भिन्न-भिन्न अवस्थाओं में अपना पृथक् महत्त्व रहता है, अतः छः ही गुण मानने उचित हैं।

कुछ पण अथवा शर्तों के आधार पर जो दो राजाओं का परस्पर मेल हो जाता है, उसे सन्धि कहते हैं। परस्पर एक-दूसरे के अपकार में लग जाना विग्रह कहलाता है। किसी समय की प्रतीक्षा में चुपचाप बैठे रहना आसन है। चढ़ाई करने के लिए प्रस्थान का नाम यान है। शत्रु वा अन्य बलवान राजा को अपने-आपको सौंप देना संश्रय होता है। एक से सन्धि और दूसरे से विग्रह का उपयोग करना द्वैधीभाव है।

यदि राजा अपने को शत्रु से दुर्बल समझे तो उसे सन्धि कर लेनी चाहिए। यदि वह अपने को शत्रु से बलवान माने तो विग्रह (युद्ध) छेड़ देना चाहिए। यदि वह समझे—'न तो मुझे शत्रु मार सकता है, और न ही मैं शत्रु पर आक्रमण कर सकता हूं'—तो समय की प्रतीक्षा करता हुआ आसन (चुपचाप बैठे रहने) की नीति का प्रयोग करे। यदि वह अपने भीतर शक्ति, देश तथा काल की क्षमता देखे

तो शत्रु पर चढ़ाई के लिए प्रस्थान करे। यदि राजा अपने को शक्तिहीन देखे तो अपने को शत्रु या अन्य किसी बलवान राजा के अर्पण कर दे। यदि वह देखे कि 'मैं एक के साथ सन्धि और दूसरे के साथ विग्रह करके अपने कार्य सिद्ध कर सकता हूं' तो द्वैधीभाव नीति का अवलम्बन करके अपनी वृद्धि करे।

षड्गुण नीति का उद्देश्य क्षीणता से स्थिरता और स्थिरता से वृद्धि की अवस्था को प्राप्त करना है। बुद्धिमान राजा समय के अनुसार आचरण करता हुआ अपने राज्य के लिए जैसा हितकर हो, वैसा षड्गुण्य का प्रयोग करता है। ऐसा राजा अपनी बुद्धि-रूपी सांकल से बंधे हुए राजाओं द्वारा अपने अभीष्ट की सिद्धि करता रहता है।

2. सन्धि का निरूपण तथा उसके प्रकार

प्रवृत्तचक्रेणाक्रान्तो, राज्ञा बलवताऽबलः।
सन्धिपिदनमेत्तूर्णम् कोशदण्डात्मभूमिभिः॥

यदि कोई निर्बल राजा किसी बलवान चक्रवर्ती राजा से घिर जाए तो तुरन्त कोष, दण्ड (सेना), भूमि और अपने-आपको यथावश्यक समर्पित करके सन्धि कर ले।

जब राजा अपनी हीनता को अनुभव करता हुआ बलवान से सन्धि कर लेता है, उसे हीन सन्धि कहते हैं। यह चार प्रकार की है। प्रथम, 'आत्ममिष'–जिसमें राजा कुछ नियत सेना और धन लेकर स्वयं शत्रु राजा की सेवा में उपस्थित होता है और आत्म-समर्पण कर देता है। राजा अपने स्थान पर राजकुमार को भी भेज सकता है। द्वितीय, 'दण्डोपनत'–जिसमें राजा अपनी सारी सेना का समर्पण कर देता है। तृतीय, 'कोशोपनत'–जिसमें राजा या तो समस्त कोष एक ही बार में शत्रु को अर्पित कर देता है अथवा किस्तों में देता है। परस्पर विश्वास के आधार पर भी कोष व धन का देना-लेना निश्चित किया जा सकता है। चतुर्थ, देशोपनत–जो अपने देश के किसी भाग को शत्रु के अर्पण कर देने से की जा सकती है। राजा अपनी राजधानी को इस सन्धि में शत्रु को कभी अर्पित नहीं करता।

आचार्य चाणक्य का कथन है कि सन्धि करने से पूर्व दोनों शत्रु राजाओं को सन्धि के लाभों पर पूर्णतया विचार कर लेना चाहिए। यदि इसके परिणाम स्थायी अथवा अस्थायी रूप से भी अच्छे हों तो सन्धि कर लेनी चाहिए। किसी भी राजा को 'हीन सन्धि' स्वीकार कर लेनी चाहिए, यदि वह जान ले कि इस

अस्थायी हीनता को मैं थोड़े समय के बाद पूर्ण कर लूंगा। यदि प्रतिद्वन्द्वी राजा समान बलशाली हो, तब भी सन्धि कर लेना उचित है, क्योंकि युद्ध में यह कभी ज्ञात नहीं होता कि विजय किसकी होगी। इस अवस्था में यही बुद्धिमत्ता का मार्ग है कि दोनों राजा अस्त्र रख दें और किसी सम्मानपूर्ण स्थायी वा अस्थायी सन्धि को परस्पर कर लें और इस तरह अपने को, अपने राज्य को, अपनी कीर्ति तथा मित्रों को युद्ध की सन्दिग्ध अवस्था में न डालें अन्यथा दोनों का ही सर्वनाश हो जाना निश्चित है।

सन्धि करते समय दोनों राजाओं का सत्य-शपथों (कसम) द्वारा उस सन्धि को दृढ़ करना आवश्यक है। अग्नि, जल अथवा हल को हाथ में उठाकर सन्धि न तोड़ने की प्रतिज्ञा की जानी चाहिए। और यह घोषणा करनी चाहिए, ''अब से हम दोनों परस्पर मिल गए, 'संहितौ स्वः'।'' इस घोषणा के अनन्तर ही एक-दूसरे से पृथक् होना चाहिए।

यदि सन्धि की पालना के लिए किसी जामिन (प्रतिग्रह) को रखना निश्चित हो तो राजा कभी अपने इकलौते पुत्र को ज़ामिन न रखे। कुपुत्र को ज़ामिन रखने में कोई हानि नहीं।

उपर्युक्त हीन सन्धि के अतिरिक्त आचार्य चाणक्य पांच अन्य सन्धियों का भी उल्लेख करते हैं। सन्धियों का उद्देश्य दो राजाओं में परस्पर मित्रता के सम्बन्ध स्थापित करना है। इन सन्धियों से सम्बद्ध राजा युद्ध की अवस्था में एक-दूसरे की सहायता करते हैं।

प्रथम—पणबन्ध सन्धि, जिसमें दोनों राजा कभी परस्पर युद्ध न करने की घोषणा करते हैं और सदा शान्तिपूर्वक रहने की प्रतिज्ञा करते हैं।

द्वितीय—मित्र सन्धि, जिसके द्वारा दोनों राजा परस्पर मित्रता की घोषणा करते हैं। इस सन्धि में. एक-दूसरे की आपत्ति में सहायता करना आवश्यक है।

तृतीय—भूमि सन्धि, जिसमें विजय के बाद दो राजा विजित शत्रु की भूमि को परस्पर बांट लेते हैं। स्थल तथा नदी-भूमि में नदी-भूमि का प्राप्त होना उत्तम है, क्योंकि इससे पीने योग्य जल और निर्वाह योग्य अन्न आदि सुलभ होता है। नदी-दुर्ग तथा पर्वत-दुर्ग में पर्वत-दुर्ग का प्राप्त होना उत्तम है, क्योंकि वह दुर्ग बड़ा सुदृढ़ होता है। उसको घेरा नहीं जा सकता और न उस पर चढ़ा जा सकता है। नीतिमान् राजा सोचसमझकर ही भूमि का चुनाव करता है।

चतुर्थ—कर्म सन्धि, जिसमें दो राजा मिलकर दुर्ग, सेतुबन्ध, तालाब, जल तथा स्थल-मार्ग की रचना कराते हैं। इनमें जो दुर्गम स्थान में थोड़े व्यय से दुर्ग

बनवा लेता है, वह अपना कार्य अधिक सिद्ध कर लेता है। सेतुबन्धों (तालाबों) में भी जो स्वयं जल-स्रोत वाले, न कि वर्षा-जल से भरने वाले सेतुबन्धों का निर्माण करा लेता है, वह अधिक लाभ में रहता है। जल तथा स्थल-मार्ग में स्थल-मार्ग बनवाने वाला अधिक लाभ में रहता है, क्योंकि जल-मार्ग सर्दियों में रुक जाता है।

अन्तिम—अनवसित सन्धि, जिसमें दो राजा मिलकर शून्य स्थानों (निर्जन वनों) को बसाने का परस्पर निश्चय करते हैं। इनमें जो जलप्राय भूमि को बसा लेता है, वह लाभ में रहता है, क्योंकि उस भूमि में सर्वदा निश्चित रूप से धान्य की उत्पत्ति होती रहती है; खुश्क भूमि से तो वर्षा होने पर ही फसल पैदा होती है। खान तथा धान्य उत्पन्न करने वाली भूमियों में धान्य की भूमि अधिक उपादेय है, क्योंकि वह कोष तथा भण्डार दोनों को भर देती है।

इस प्रकार नीतिमान् राजा कृषि-योग्य, जलप्राय; गुणवती भूमि का निर्वाचन करता हुआ, अपने साथी राजा से सन्धि में अधिक लाभ का संग्रह करता है।

3. विग्रह वा युद्ध का समय

यदा वा पश्येत्—"व्यसनी परः स्वचक्रपीडिताः विरक्ता वास्य प्रकृतयः कर्शिता निरुत्साहाः परस्पराद् भिन्नाः शक्याः लोभयितुम्, अग्न्युदकमरकदुर्भिक्षनिमित्तं क्षीणयुग्य-पुरुषनिचयरक्षाविधानः परः," इति तदा विगृह्य यायात्।

जब राजा देखे कि शत्रु विपत्ति में उलझ रहा है, उसकी प्रजाएं सेना द्वारा पीड़ित हैं और राजा से विरक्त हो रही हैं, वे क्षीण हो चुकी हैं, निरुत्साह हैं, आपस में लड़-झगड़ रही हैं और अब उन्हें लोभ द्वारा बस में किया जा सकता है; और जब वह देखे कि अग्नि, जल, व्याधि, महामारी आदि दैवी आपत्तियों द्वारा शत्रु के वीर पुरुष, वाहन आदि नष्ट हो चुके हैं और वह अपनी रक्षा करने में असमर्थ है—उसी समय राजा शत्रु से विग्रह करने के लिए निकल पड़े।

जब राजा को निश्चय हो कि उसके मन्त्री-अमात्य आदि उत्साहयुक्त हैं, उसकी सेना सुसंगठित है, उसके मित्र निश्छल भाव से सहायता करने वाले हैं, उसकी प्रजा राजभक्त है, उसके देश में धान्य की प्रचुरता है, मूल (राजधानी) तथा दुर्ग सर्वथा सुरक्षित हैं—तब वह शत्रु पर आक्रमण कर दे।

जब वह देखे कि शत्रु के मन्त्री, अमात्य आदि अपने राजा के व्यवहार

से असन्तुष्ट हैं, वे सब तरह से क्षीण और लालची हैं तथा अपने देश के चोर और वन के भील आदि लोगों के दबाव में हैं, यदि उनमें तोड़-फोड़ की गई तो हमारी ओर हो जाएंगे—जब वह देखे कि शत्रु की खेती और वाणिज्य नष्ट हो चुके हैं, दुर्भिक्ष प्रजा को सता रहा है, सेना में अन्न न मिलने पर असन्तोष बढ़ रहा है—वह उचित समय है जबकि राजा शत्रु पर हमला कर दे।

आचार्य कौटिल्य का कथन है कि यदि शत्रु किसी व्यसन वा आपत्ति में फंसा न भी हो, उसे व्यसन में फंसा देना चाहिए और उसे निर्बल बनाकर चढ़ाई कर देनी चाहिए। यदि शत्रु मन्त्री आदि सारे साधनों से सुसम्पन्न हों और उसमें कोई छिद्र न दिखाई देता हो, तो चढ़ाई नहीं करनी चाहिए।

जब विजय-रूपी फल अकेले ही युद्ध करने से प्राप्त हो सकता हो, तो बिना अन्य मित्र राजा को साथ लिए आक्रमण कर देना चाहिए। परन्तु जब वह देखे कि मैं अकेला चढ़ाई नहीं कर सकता और चढ़ाई करनी है, तब समान, हीन, वा अधिक बल वाले मित्र के साथ मिलकर चढ़ाई कर दे।

जब मिलकर किसी मित्र के साथ चढ़ाई की जाए तो विजय के उपरान्त प्राप्त लूट-मार का परस्पर बांटने योग्य अंश निश्चित कर लिया जाए। यह अंश या तो सेना के परिमाण के अनुसार हो, अथवा किए गए परिश्रम के अनुसार हो अथवा आक्रमण में जितना व्यय हुआ हो, उसके अनुसार धन का बंटवारा होना चाहिए।

युद्ध तीन प्रकार के हैं। पहला, प्रकाश युद्ध—जिसमें देश और काल का स्पष्ट रूप से निर्देश करके प्रकाश रूप में परस्पर युद्ध किया जाता है। दूसरा, कूट युद्ध—जिसमें धोखा देकर भय खड़ा किया जाता है। आग लगाकर शत्रु को संज्ञाहीन किया जाता है अथवा प्रमाद और व्यसन में ग्रस्त शत्रु पर आक्रमण किया जाता है एवं एक जगह युद्ध को बन्द करके दूसरी ओर धोखे से मार-काट आरम्भ की जाती है। विष-औषध प्रयोग वा गुप्तचरों के द्वारा वध या भेद कर देना तूष्णीं युद्ध कहलाता है।

कुछ आचार्यों का मत है कि इनमें तूष्णीं युद्ध अथवा मन्त्र युद्ध सबसे उत्तम है, क्योंकि इसमें धन और जन का अल्प व्यय होता है। प्रकाश युद्ध में तो सेना के क्षय तथा धन के व्यय के कारण दोनों पक्षों की बड़ी हानि होती है। जीतने के बाद भी विजयी पक्ष सेना और कोष के क्षीण हो जाने के कारण पराजित के समान ही होता है।

परन्तु आचार्य कौटिल्य का मत है कि चाहे कितनी भी सेना या धन का

व्यय हो जाए, शत्रु का नाश तो कर देना ही उचित है। (सुमहतापि तय-व्ययेन शत्रुविनाशोऽभ्युपगन्तव्यः।) शत्रु का पूर्ण विनाश प्रकाश युद्ध द्वारा ही सम्भव है, अतः नीतिशास्त्रवेत्ता राजा विग्रह वा युद्ध का परित्याग नहीं कर सकता।

4. आसन व चुप बैठना

> **यदि वा मन्येत्, 'न मे शक्तः परः कर्माण्युपहन्तुम्। नाहं तस्य कर्मोपघाती वा व्यसनमस्य श्ववराहयोरिव कलहे वा स्वकर्मानुष्ठानपरो वा वर्धिष्ये इत्यासनेन वृद्धिमातिष्ठेत।**
>
> जब राजा यह समझे कि मेरा शत्रु इतना समर्थ नहीं है कि मेरे कामों को हानि पहुंचा सके और न मैं उसके कामों को बिगाड़ सकता हूं; यद्यपि शत्रु राजा पर व्यसन है, परन्तु कलह में कुत्ते और शूकर की लड़ाई के तुल्य कोई फल न निकलेगा; अपना काम करते रहने पर मैं वृद्धि को प्राप्त करूंगा—तो इस परिस्थिति में राजा चुपचाप बैठा रहे और 'आसन' नीति का अवलम्बन करे।

स्थान, आसन और उपेक्षण ये तीनों आसन के पर्यायवाची नाम हैं। परन्तु इनमें कुछ भेद भी हैं। किसी भाग में चुप बैठे रहना और किसी विषय में उपाय करते रहना 'स्थान' कहाता है। अपनी वृद्धि की प्राप्ति के लिए चुपचाप बैठे रहना 'आसन' है। किसी भी उपाय का अवलम्बन न करना 'उपेक्षण' कहलाता है।

जब विजयाकांक्षी राजा और शत्रु एक-दूसरे को नष्ट करने की शक्ति न रखते हों और कुछ लड़कर चुपचाप बैठ गए हों, उसे विगृह्यासन कहते हैं और जब वे सन्धि करके चुप बैठ गए हों, उसे सन्ध्याय आसन कहते हैं।

जब राजा अपने-आपको असहाय अनुभव करे तो दुर्ग में चुपचाप बैठ जाये। दुर्ग ऐसा होना चाहिए, जिसका बहुत सेना के साथ भी शत्रु घेरा न डाल सके। यदि शत्रु हमला करे तो उसके नाश की अधिक सम्भावना हो। दुर्ग में अन्न, भोजन, घास, लकड़ी, जल आदि की बहुतायत होनी चाहिए।

अधोलिखित कारणों के उपस्थित होने पर दुर्ग में आश्रय ग्रहण करके चुपचाप बैठ जाना चाहिये—जब राजा यह समझे कि मैं यहां बैठे-बैठे शत्रु राजा के सहायकों को उसके विरुद्ध खड़ा कर दूंगा, किसी विरोधी सामन्त द्वारा उसका राज्य हरण करा दूंगा या उसको मरवा दूंगा, शत्रु पक्ष के अमात्य आदि कर्मचारी वर्ग को अपने पक्ष में मिलाकर उसके दुर्ग, राष्ट्र वा स्कन्धावार (छावनी) में विद्रोह खड़ा

करवा दूंगा अथवा अन्य उपायों द्वारा शत्रु को जन और धन की हानि पहुंचा दूंगा।

यदि उपर्युक्त कारण न हों और शत्रु की सेना बलवती दिखाई देती हो तो राजा दुर्ग को छोड़कर निकल जाए और यदि निकल जाना भी असम्भव हो तो दीपक पर पतंगे की तरह शत्रु पर टूट पड़े। कभी-कभी दुर्बल राजा भी वीरता से आक्रमण करके विजयी हो जाता है। परन्तु आचार्य कौटिल्य का कथन है कि दुर्ग में बैठा राजा पहले शत्रु से सन्धि करने का यत्न करे। यदि सन्धि होना असम्भव हो, तो पराक्रम द्वारा आक्रमण करे या निकलकर भाग जाए।

यदि शत्रु सन्धि करने को उद्यत हो तो राजा दूत द्वारा उसे उपहार भेंट करे और उसकी अधीनता स्वीकार कर ले। जब दूत के कथन से विजेता का आश्रय मिल जाए तो उस विजेता राजा के साथ सेवक की तरह बर्ताव करे। दुर्ग बनवाना, कन्या लेना या देना, युवराज का अभिषेक, अश्वों का खरीदना, हाथियों का पकड़ना, यज्ञ, यात्रा, उद्यान आदि का विहार—ये सब कार्य उसकी आज्ञा और अनुमति से ही करे। जब विजेता के लिए कभी देवाराधन वा स्वस्तिवाचन इत्यादि हो, तो यह राजा भी आशीर्वाद में सम्मिलित हो। सब जगह वह अपने-आपको विजेता के अधीन होने की घोषणा करे।

बलवान विजेता के साथ इस प्रकार व्यवहार करता हुआ पराजित राजा तब तक इस प्रकार गुपचुप, 'आसन नीति' का आश्रय करके बैठे, जब तक वह अपने-आपको पुनः सबल बनाकर शत्रु से युद्ध करने योग्य नहीं समझता। इसी स्थिति में उसका कल्याण है।

5. यान अथवा युद्ध के लिए प्रस्थान

अकार्याणां च करणैः कार्याणां च प्रणाशनैः।
अदण्डनैश्च दण्ड्यानामदण्ड्यानां च दण्डनैः।
उपघातैः प्रधानानां मान्यानां चावमाननैः।
राज्ञः प्रमादालत्याभ्यां, योगक्षेमवधेन च।
प्रकृतीनां क्षयो लोभो, वैराग्यञ्चोपजायते॥

इन कारणों से किसी अन्याय-वृत्ति राजा की प्रजाओं में क्षय, लोभ तथा वैराग्य (असन्तोष) फैलता है: जब वह राजा न करने योग्य कार्यों को करता हो, और करने योग्य कार्यों का नाश कर देता हो, जब वह दण्डनीयों को दण्ड न देता हो और अदण्डनीयों को दण्ड देता हो; जब वह प्रधान पुरुष पर दोष लगाता हो; और मान्यों का अपमान करता हो। संक्षेप में जब

वह राजा प्रमाद, आलस्य और योग-क्षेम (कल्याण) की हानि द्वारा प्रजाओं को उत्तेजित करता हो। वही समय उचित अवसर है, जबकि उस राजा के विरुद्ध यान अथवा युद्ध के लिए प्रस्थान कर देना चाहिए।

क्षीण हुई प्रजाएं राजा से विरक्त हो जाती हैं और या तो शत्रु से जा मिलती हैं, या स्वयं अपने राजा को मार देती हैं। अन्याय-वृत्ति से चलने वाले बलवान राजा के विरुद्ध भी प्रस्थान करने में सफलता प्राप्त होती है, क्योंकि उसकी प्रजाएं, मन्त्री उसकी सहायता नहीं करते। इसके विरुद्ध न्याय-वृत्ति वाले दुर्बल राजा को भी जीत लेना दुर्लभ है, क्योंकि उसके मन्त्री, अमात्य आदि उसका साथ देते रहते हैं।

राजा का प्रकृतियों से विरक्त होने के अन्य कारण : सज्जनों का तिरस्कार, दुर्जनों का अनुग्रह, अनुचित धर्महीन हिंसा की प्रवृत्ति, पात्रों को न देना और अपात्रों को देना, अनर्थकारी बातों का करना, चोर आदि से प्रजा की रक्षा न करना, स्वयं प्रजा को लूटना, सन्धि और गुणों के दोषों से कामों को बिगाड़ लेना, वृद्ध पुरुषों की उपेक्षा करना, किसी के उपकार को न मानना, इत्यादि हैं।

इन सब बातों का ध्यान करके विजयाकांक्षी राजा अपने मन्त्री आदि प्रकृति को कभी क्षीण, लोभयुक्त या विरक्त न होने दे। यदि किसी मन्त्री में विकार उत्पन्न हो भी जाए तो शीघ्र उसका प्रतिकार करना चाहिए। दुर्भिक्ष आदि से क्षीण हुए मन्त्री, अमात्य आदि पीड़ा या विनाश के भय से शीघ्र सन्धि, और युद्ध से भाग जाना स्वीकार कर लेते हैं। लोभी अमात्य लोभ के कारण अपने स्वामी से सन्तुष्ट नहीं रहते और वे सदा दूसरे राजा से मिल जाना चाहते हैं। विरक्त मन्त्री शत्रु की चढ़ाई में उसके साथ मिल जाते हैं।

इस प्रकार विजेता अपनी प्रकृति को शुद्ध करके तथा अपने साथियों के सन्धि-विग्रह के कारणों और उनकी शक्ति और पवित्रता का निश्चय करके उनके साथ शत्रु के विरुद्ध प्रस्थान करता है। जो साथी शक्तिशाली होता है, वह राजा की पीछे के आक्रमण से रक्षा करता है। जो पवित्र आचरण वाला साथी होता है, वह कार्य के सिद्ध होने या प्रसिद्ध होने पर भी अपना कार्य ठीक-ठीक करता रहता है और कभी साथ नहीं छोड़ता। अशुद्ध आचार वाला साथी, कार्य सिद्ध होने पर बिगड़ जाता है, क्योंकि वृद्धि व सफलता चित्त को बिगाड़ ही देती है।

चढ़ाई करने योग्य तीन प्रकार के शत्रु होते हैं—एक जो भारी विपत्ति में फंसे हुए हों; दूसरे जो थोड़ी विपत्ति में फंसे हुए हों; और तीसरे विरक्त मन्त्रियों से युक्त। इनमें सबसे प्रथम जिसके मन्त्री आदि विरक्त हों, जिनका वर्णन ऊपर

किया जा चुका है, उसी पर चढ़ाई करे। उसके बाद भारी विपत्ति वाले राजा पर चढ़ाई करनी चाहिए और अन्त में थोड़ी विपत्ति वाले पर। आचार्य कौटिल्य का मत है कि यदि शत्रु पर थोड़ी भी विपत्ति हो, प्रथम उस पर भी चढ़ाई कर देनी चाहिए, क्योंकि छोटी-सी भी विपत्ति चढ़ाई करने के अनन्तर बहुत बड़ी बन जाती है। अन्यथा वह शत्रु छोटी विपत्ति का प्रतिकार कर लेगा और उस पर पीछे चढ़ाई करना कठिन हो जाएगा।

जब राजा का काम सिद्ध हो जाए, तो वह अपने साथी राजाओं को मानपूर्वक विदा करे और उन्हें विजय का अंश (लूटमार का भाग) प्रदान करे। ऐसा करने से राजा अपने राजमण्डल में प्रिय होता है और उसे यान (प्रस्थान) में सफलता प्राप्त होती है।

6. संश्रयवृद्धि के लाभ

> प्रियो यस्य भवेद् यो वा, प्रियोऽस्य कतरस्तयोः।
> प्रियो यस्य स तं गच्छेदित्याश्रयगतिः परा॥

राजा का जो प्रिय हो अथवा दो में जो अधिक प्रिय हो, राजा उसी का आश्रय ग्रहण करे।

यदि सन्धि और विग्रह में एक-सा लाभ दिखाई देता हो, तो सन्धि का आश्रय करना उचित है, क्योंकि विग्रह से तो जन-नाश, धन-व्यय, प्रवास आदि कष्टों का सामना करना पड़ता है। इसी तरह आसन और यान में आसन का अवलम्बन करना अधिक उचित है। द्वैधीभाव और संश्रय में द्वैधीभाव उत्तम है, क्योंकि द्वैधीभाव में अपना काम प्रधान होता है। इसमें राजा अपना उपकार कर लेता है, संश्रय में तो दूसरे का काम बनता है, अपना नहीं बन सकता है।

यदि संश्रय करना ही पड़े तो उस बलवान राजा का संश्रय स्वीकार करे, जो शत्रु से अधिक बलशाली हो। यदि शत्रु राजा की अपेक्षा अन्य कोई राजा बलशाली न दिखाई देता हो, तो शत्रु राजा का आश्रय ले लेवे और कोष, सेना या भूमि में से किसी एक वस्तु को देकर उसे सन्तुष्ट करे और नम्रता से दिन निकाले। जब शत्रु-राज्य में कोई प्राणनाशक व्याधि, प्रकृति का कोप अथवा कोई अन्य व्यसन उपस्थित हुआ देखे, तो आश्रित राजा किसी सम्भव व्याधि अथवा धर्म-कार्य का बहाना करके खिसक जाए और बुलाए जाने पर भी शत्रु-देश में न जाए।

दो बलवान राजाओं के परस्पर भिड़ जाने पर—जो अपनी रक्षा में समर्थ

हो—विजयेच्छुक राजा उसका ही आश्रय ले। यदि दोनों का ही आश्रय लेना आवश्यक हो, तो दोनों से इधर-उधर की बातें करके 'कपाल संश्रय' का सहारा ले। दो कपालों से जैसे घड़ा बनता है, ऐसे दोनों से काम निकालना 'कपाल संश्रय' कहलाता है। जब इन राजाओं से मिले—उनमें परस्पर भेद उत्पन्न करने की चेष्टा करे और कहे कि दूसरा तुम्हारे राज्य का अपहरण करना चाहता है। उन दोनों में इस तरह फूट डालकर दोनों को अपना सहायक बनाए रखे। यदि दोनों राजाओं में किसी एक से भय की आशंका निकट आती दिखाई दे, तो दूसरे का पूरी तरह संश्रय कर ले।

यदि कई राजा लोग सहायता देने को तैयार हों, तो जिसके मन्त्री आदि प्रकृत सुखकारी प्रतीत होते हों, जिसके साथ रहकर अपना उद्धार हो सकता हो, जिसके साथ से अपने पूर्वजों की प्रतिष्ठा रहती हो और जिससे कुछ समीप का सम्बन्ध हो और जिसके बहुत से शक्तिशाली मित्र हों—उसी राजा का आश्रय ले।

जब दो राजा सेना से सहायता करने वाले हों तो उनमें जो अधिक पराक्रमशाली, क्लेश सह लेने वाला तथा सारी सेना देने वाला हो—वह अधिक श्रेष्ठ है। इसी तरह जब दो राजा सुवर्ण से सहायता कर रहे हों, तो उनमें मांगते ही बहुत द्रव्य देने वाला, और बहुत दिन तक सहायता देने वाला अधिक उत्तम है।

संश्रय द्वारा शीघ्र होने वाले थोड़े लाभ तथा चिरकाल में होने वाले महान् लाभ में आचार्य कौटिल्य का मत है कि चिरकाल में होने वाला महान् लाभ उत्तम है, क्योंकि वह बीज के समान निरन्तर फल देने वाला होता है।

विजयेच्छुक राजा निश्चित लाभ को देखकर और लाभ में गुणों के उदय का विचार करके अन्य सहायक राजाओं का संश्रय स्वीकार करे और अपने स्वार्थ की सिद्धि करे।

7. द्वैधीभाव नीति का प्रयोग

आदौ बुध्यते पणितः पणमानश्च कारणम्।
ततो वितर्क्याभयतो, यतः श्रेयस्ततो व्रजेत्॥

सन्धि के लिए किसी राजा द्वारा कहे जाने पर अथवा स्वयं किसी राजा के साथ सन्धि करने के लिए उद्यत होने पर, विजयेच्छुक राजा प्रथम सन्धि के तथा विग्रह के लाभ-हानि पर विचार करे और जैसा भी श्रेयस्कर प्रतीत होता हो, उसके अनुसार आचरण करे।

जब राजा एक से सन्धि और दूसरे से विग्रह छेड़ दे, तो कोष से सेना

और सेना से कोष किसी दूसरे सामन्त से ग्रहण कर ले। इनमें जो अधिक शक्तिशाली हो उसको अधिक अंश; जिसमें समान शक्ति हो, उसे समभाग; और जिसमें हीन शक्ति हो, उसे हीन भाग देकर सन्धि कर ले। जब सन्धि करने पर अपनी शक्ति बढ़ जाए, और अपने साथी सामन्त की शुद्ध बुद्धि देखे, तो शत्रु से विग्रह करने के लिए प्रस्थान कर दे।

जिस राजा के मन्त्री आदि कुपित हो रहे हों या व्यसन में फंसे हों, उसपर शीघ्र ही चढ़ाई कर दे। यदि चढ़ाई किए हुए राजा से सन्धि करने में कल्याण दिखाई देता हो तो उससे सन्धि करके स्थित हो जाए। यदि सन्धि होने के बाद अपनी विपत्ति टल गई हो, तो पुनः उस पर आक्रमण कर दे अथवा चुपचाप बैठा रहे।

किसी कार्य की सिद्धि के लिए सेना भेजी गई, और वह मारी गई, और वह कार्य अवश्य सिद्ध करना है, तो उसके निमित्त मौल-बल, भृत-बल, श्रेणी-बल, मित्र-बल अथवा अटवी-बल देश-काल के अनुसार भेजना आवश्यक होता है। यदि देश-काल की दूरी हो अर्थात् दूर जाना हो और विलम्ब में कार्य होता दिखाई देता हो तो वहां शत्रु-बल या जंगली जाति के बल को भेजे। जब राजा देखे कि सहायता चाहने वाला सामन्त अपने कार्य के सिद्ध होने पर मेरी सेना को हड़प कर जाएगा, या उसे दुर्गम प्रदेश में भेज देगा या अन्त में धन आदि न देकर निष्फल लौटा देगा, तो उस सामन्त से सेना के विषय में कोई बहाना करके इन्कार कर दे। यदि इस सामन्त को सहायता देनी भी पड़े, तो साधारण-सी सेना भेज दे और काम हो जाने पर झटपट कुछ बहाना करके उस सेना को लौटा ले।

शत्रु और मित्र में किसी एक पर अनुग्रह करना हो तो मित्र पर ही अनुग्रह करना उचित है, क्योंकि इसी से अपने कार्य की सिद्धि होती है। यदि शत्रु पर उपकार किया जाएगा, तो उसमें व्यर्थ जन नाश, धन-व्यय, प्रवास-कष्ट और शत्रु का उपकार होगा। जब शत्रु का स्वार्थ सिद्ध हो जाएगा, तो वह फिर बिगड़ उठेगा।

जिनका परस्पर एक ही स्वार्थ-सम्बन्ध हो, जो परस्पर उपकारी हों, विकारहीन हों, जो आपति में परस्पर दूर नहीं हो जाते, ऐसे मित्र अद्वैध्य मित्र कहलाते हैं। ऐसे मित्रों की परस्पर सन्धि सुहृद् तथा फलदायिनी होती है। ऐसी सन्धि करके विजयाभिलाषी राजा दूसरे हीनशक्ति राजा से विग्रह कर दे।

यदि शत्रु से सन्धि तथा विग्रह करने में समान लाभ हो, तो सन्धि करनी ही उचित है। यदि लाभ कम और हानि अधिक हो तो विग्रह करना आवश्यक है। इस तरह सम, हीन तथा अधिक बल वाले शत्रु के साथ द्वैधीभाव नीति से व्यवहार करना चाहिए।

अष्टम अधिकरण

विजय-यात्रा तथा सेना-व्यवस्था

1. विजय-यात्रा की तैयारी

सर्वा वा ह्रस्वकाला स्युः, यातव्याः कार्यलाघवात्।
दीर्घाः कायगुरुत्वाद् वा, वर्षावासः परत्र च॥

विजय-यात्राएं कार्य के कम होने के कारण अल्पकालीन हो सकती हैं; कार्य के अधिक होने के कारण दीर्घकालीन भी हो सकती हैं। कार्यगौरव से कभी-कभी वर्षा ऋतु में भी परदेश में ही वास करना पड़ जाता है।

विजय की इच्छा रखने वाला राजा अपने और शत्रु के बल, अबल, शक्ति, देश-काल, यात्रा-काल, सेना की उन्नति का समय, पीछे के राजाओं का आक्रमण, जन-क्षय, धन-व्यय, लाभ-हानि, बाह्य तथा आभ्यन्तर विपत्तियों के प्रतिकार आदि पर पूरी तरह विचार करके विजय-यात्रा के लिए तैयारी आरम्भ करे।

विजय-यात्रा के समय राजा को उत्साह, प्रभाव, मन्त्र तीनों शक्तियों से सुसम्पन्न होना चाहिए। कौटिल्याचार्य के मत में राजा को उत्साहयुक्त अर्थात् शूरवीर, बलवान, रोगरहित, अस्त्र-विद्या में कुशल और अपनी सेना का स्वयं नायक होना चाहिए। उसे प्रभावयुक्त अर्थात् प्रभुत्वशक्ति सम्पन्न भी होना चाहिए। इस शक्ति द्वारा वह अन्य राजाओं को अपनी सहायता के लिए एकत्र कर सकता है और वीर पुरुषों से धनधान्य इकट्ठा करके, उन्हें अपने अधीन रखकर अपना कार्य-सम्पादन कर सकता है। राजा का मन्त्रशक्ति-सम्पन्न होना भी आवश्यक है, क्योंकि मन्त्रशक्ति द्वारा थोड़े ही प्रयत्न से शत्रु को वश में किया जा सकता है।

विजय-यात्रा के समय देश का विचार भी अपेक्षित है। देश सम, विषम्, पार्वत्य, जलप्रदेश आदि हो सकता है। भिन्न-भिन्न देशों में जिस प्रकार अपनी

सेना का संचालन हो सके, उसी प्रकार का कर्म करना स्वीकार करना चाहिए। उत्तम देश वही है, जहां सेना के व्यायाम (प्रस्थान) में किसी प्रकार की बाधा उपस्थित न हो।

शीत, उष्ण, वर्षा—ये तीन काल विजय-यात्रा के हो सकते हैं। इनमें वर्षाकाल सेना के बढ़ने के लिए कठिन होता है। शीत में भी कुछ कठिनाई रहती है। उष्णकाल में सेना-प्रस्थान सुविधा से हो सकता है।

परन्तु शक्तिशाली राजा देश तथा काल की कठिनाइयों पर विजय प्राप्त कर लेता है। निम्न स्थल वाली भूमि, वर्षा-सर्दी के काल आदि का वह प्रतिकार कर लेता है। स्थल पर खड़ा हुआ कुत्ता जल के मगरमच्छ को खींच लेता है और दिन के समय कौवा भी उल्लू को मार देता है। शक्तिशाली राजा तो देश-काल के इन प्रतिबन्धों की मर्यादाओं की सर्वथा अवहेलना करता है और अपने विजय-मार्ग पर अग्रसर होता है।

साधारणतया विजयेच्छुक राजा शक्ति, देश और काल से समन्वित होकर सेना के तिहाई या चौथाई भाग को राजधानी, पृष्ठभाग और सीमाप्रान्तों पर नियुक्त करके अपने विजय के कार्य को सिद्ध करने योग्य कोष और सेना लेकर मार्गशीर्ष के मास में चढ़ाई कर दे। इस समय शत्रु की पुरानी खाद्य-सामग्री समाप्त हो चुकी होती है और नवीन संग्रहीत नहीं हो पाती। अभी तक दुर्गों की मरम्मत भी नहीं हुई होती। शत्रु का हरा-भरा अन्न अभी तक ज्यों का त्यों खड़ा होता है और हेमन्त की अन्नोत्पत्ति का समय समीप होता है। इस समय शत्रु की धान्य-सम्पत्ति का नाश करना सुविधापूर्ण होता है।

चैत मास की चढ़ाई वसन्त मास में उत्पन्न होने वाले अन्न को नष्ट करने के लिए उत्तम होती है। इस समय शत्रु तृण, काष्ठ और जल से हीन होता है। वर्षाकाल में उत्पन्न होने वाले अन्न के नाश के लिए ज्येष्ठ-काल की चढ़ाई श्रेष्ठ है।

अत्यन्त गर्म और थोड़े घास, ईंधन और जल वाले प्रदेश पर हेमन्त ऋतु में चढ़ाई करे। बर्फीले और नित्य वर्षा वाले, अगाध जल से भरे रहने वाले घास और वृक्ष के वन से गहन देश में ग्रीष्म ऋतु में चढ़ाई करे।

यदि चढ़ाई दीर्घकाल में पूरी होने वाली हो, तो उसका प्रारम्भ मार्गशीर्ष और पौष के बीच में कर देना चाहिए। मध्यम काल में पूरी होने वाली हो तो चैत्र-वैशाख के मध्य में तथा थोड़े काल में पूरी होने वाली हो तो ज्येष्ठ-आषाढ़ के बीच में प्रारम्भ करनी चाहिए।

आचार्य कौटिल्य का मत है कि जब भी विजेता में शक्ति बढ़ी-चढ़ी हो तब ही शत्रु पर आक्रमण कर देना चाहिए। जब भी वह समझे कि 'मैं चढ़ाई करके शत्रु की शक्ति को घटा दूंगा और उसका उच्छेद कर डालूंगा, तभी, समय की प्रतीक्षा किए बिना, विजेता उस पर चढ़ाई कर दे।

अत्यन्त गर्म देश में ऊंट आदि वाहनों की सेना से आक्रमण करना उचित है। वहां हाथियों की सेना को नहीं ले जाना चाहिए, क्योंकि पानी न मिलने के कारण और समय पर स्नान न करने के कारण हाथी अन्धे हो जाते हैं। हाथियों को तो उन्हीं स्थानों पर चढ़ाई के लिए भेजना चाहिए, जहां वर्षा हो रही हो अथवा जल की बहुतायत हो। जिस देश में थोड़ी वर्षा होने से कीच-गारा थोड़ा होता हो अथवा वर्षा होने पर भी जो देश सूखा रहता हो, उसमें अश्व, रथ, हाथी और पैदल चारों प्रकार की चतुरंगिणी सेना लेकर चढ़ाई करनी उचित है।

2. युद्ध के क्षय, व्यय तथा लाभ का विचार

नक्षत्रमति पृच्छन्तं, बालमर्थोऽतिवर्जते।
अर्थो ह्यर्थस्य नक्षत्रं, किं करिष्यन्ति तारकाः॥

जो मूर्ख कार्य-साधन के समय, नक्षत्र या मुहूर्त्त को बहुत पूछता रहता है, उसकी कार्यसिद्धि कभी नहीं होती। कार्य अपना स्वयं नक्षत्र है। बेचारे तारागण क्या कर सकते हैं?

विजय-यात्रा करते समय राजा शुभ लग्न, मुहूर्त्त, नक्षत्र आदि की अपेक्षा न करे, परन्तु अपने क्षय, व्यय तथा लाभ का विचार अवश्य कर ले और तभी युद्ध के लिए प्रस्थान करे।

वीर पुरुषों के नाश को क्षय कहते हैं। विजयेच्छुक राजा सोच ले कि इस विजय-यात्रा में अत्यन्त अधिक जन-शक्ति का नाश तो न हो जाएगा। धन तथा धान्य की हानि को व्यय कहते हैं। राजा विचार कर ले कि इस युद्ध में धन तथा धान्य की अत्यन्त हानि तो न हो जाएगी। यदि जन-क्षय और धन-व्यय होने पर बहुत अधिक लाभ की आशा हो तो विजय-यात्रा के लिए प्रस्थान कर दे।

युद्ध से होने वाले लाभ अनेक प्रकार के हो सकते हैं। शत्रु के कोष, सेना, धान्य-संचय, रक्षादुर्ग, खान, द्रव्यवन, हस्तिवन, सेतुबन्ध, वणिक्पथ, आदि अनेक पदार्थों की लाभ रूप में प्राप्ति होती है। इनमें जिन पदार्थों की प्राप्ति सरलता

से हो और सरलता से ही जिनकी रक्षा की जा सके, उनका लाभ 'आदेय लाभ' कहलाता है। जिनकी प्राप्ति और रक्षा में अत्यन्त कठिनाई आ जाए और शत्रु जिन्हें लौटाकर ले जा सके—उनका लाभ प्रत्यादेय कहलाता है।

अधार्मिक राजा से धार्मिक राजा के पास भूमि आदि के आ जाने को 'प्रसादक लाभ' कहते हैं, क्योंकि इससे अपने और पराये सबको प्रसन्नता होती है। इससे विपरीत लाभ 'प्रकोपक' कहलाता है।

चढ़ाई करने के साथ ही जो लाभ प्राप्त हो जाता है, उसे ह्रस्वकाल लाभ कहते हैं। जिनमें कम जन-क्षय हो उसे तनुक्षय, जिसकी प्राप्ति में कम व्यय हो उसे अल्पव्यय; जिसमें अधिक लाभ हो उसे महान् और आगे भी लाभ का अनुबन्ध जिसमें होता रहे उसे वृद्ध्युदय कहते हैं। जिस लाभ में किसी तरह की बाधा उपस्थित न हो, उसे कल्प कहते हैं। जो लाभ प्रशस्त उपादानों वा साधनों से सिद्ध हो उसे धर्म्य कहते हैं। इसी प्रकार जिस लाभ को मिलकर आक्रमण करने से प्राप्त किया गया हो, उसे पुरोग लाभ कहते हैं। इन सब लाभों का सूक्ष्मतापूर्वक विचार करके ही विजिगीषु राजा विजय-यात्रा के लिए प्रस्थान करे।

जब दो लाभ समान रूप से प्राप्त हो रहे हों तो राजा विचार कर ले कि किस देश और काल में कौन-सा लाभ अधिक हितकर है। कोई लाभ शीघ्र हो जाता है, और किसी में देर लगती है। कोई अपने देश के समीप होता है, और कोई बहुत दूरी पर मिलता है। कोई तत्काल फलदायी होता है और कोई भविष्य में फल देता है। कोई ठोस होता है और कोई थोथा होता है। कोई लाभ थोड़ा होने पर भी अधिक महत्त्व रखता है। इस प्रकार लाभों पर दृष्टि डालकर, जो अनेक गुणों से युक्त लाभ हो, उसे स्वीकार कर लेना चाहिए।

लाभ की प्राप्ति में अनेक विघ्न उत्पन्न करने वाली व्यवस्थाएं भी होती हैं—जैसे स्त्री-सहवास, क्रोध, व्याकुलता, दया, लज्जा, अनार्यभाव (विश्वासघात आदि, अहंकार, परलोक) का ध्यान, दम्भ, दीनता, ईर्ष्या, हाथ आई वस्तु का तिरस्कार, दुरात्मापन, अविश्वास, भय, अपमान-योग्य पुरुष का अपमान न करना, शीत, उष्ण, वर्षा के सहने की शक्ति का न होना, कार्य के आरम्भ में मांगलिक तिथि-नक्षत्र आदि का पूछना इत्यादि। विजयेच्छुक राजा इन सब विघ्नों से बचता है और विजय-यात्रा द्वारा अधिकतम लाभ को प्राप्त करने की चेष्टा करता है।

जो मूर्ख कार्य-साधन के समय, नक्षत्र वा मुहूर्त्त को बहुत पूछता रहता है, उसकी कार्य-सिद्धि कभी नहीं होती। कार्य अपना स्वयं नक्षत्र है। बेचारे तारागण क्या कर सकते हैं?

3. बाह्य तथा आभ्यन्तर विपत्तियों का विचार

सूचीमुखा ह्यनर्था इति लोकप्रवादः।

लोक में कहावत है कि आरम्भ में विपत्तियां सुई की नोक के बराबर होती हैं। पीछे वे ही विशाल, भयंकर रूप धारण कर लेती हैं। अतः उन्हें शुरू में ही वश में कर लेना चाहिए।

विजय-यात्रा करने के समय राजा बाह्य तथा आभ्यन्तर विपत्तियों की सम्भावना पर भी विचार कर ले और उनका प्रतिकार करके ही युद्ध के लिए प्रस्थान करे।

यह सम्भव हो सकता है कि विजय-यात्रा के साथ ही राजधानी में उपद्रव (पश्चात्कोप) खड़ा हो जाए। युद्ध में सहस्रगुण लाभ प्राप्त करने की अपेक्षा पीछे के शतांश कोप का शमन करना अधिक आवश्यक है। चढ़ाई तभी आरम्भ करनी चाहिए, जब इस पश्चात्कोप का पूर्णतया प्रतिकार कर दिया गया हो।

यदि पीछे से उपद्रव खड़ा हो गया हो, तो राजा स्वयं पहुंचकर उनके प्रतिकार के लिए साम, दाम, भेद, दण्ड उपायों का यथायोग्य प्रयोग करे अथवा सेनापति वा राजकुमार को इस प्रयोजन के लिए राजधानी में भेजे।

बाह्य तथा आभ्यन्तर कोप अधिक चिन्ताजनक होता है। यह आभ्यन्तर कोप अपने राज्य के ही मन्त्री, पुरोहित, सेनापति तथा युवराज से उठ खड़ा होता है तो अपने विश्वस्त पुरुष राजा के विरुद्ध हो जाते हैं। इस कोप का निवारण करना अत्यन्त आवश्यक है। यदि यह आभ्यन्तर कोप राजा के किसी दोष से उत्पन्न हुआ हो तो राजा को उस दोष का परित्याग कर देना चाहिए। यदि मन्त्री, पुरोहित आदि का अपना अपराध हो तो दण्ड द्वारा वश में कर लेना चाहिए। यदि पुरोहित ने बड़ा अपराध किया हो तो भी उसे वध-दण्ड न देकर, कैद कर लेना चाहिए अथवा बाहर निकाल देना चाहिए। यदि युवराज ने बहुत बड़ा अपराध किया हो तो उसे बन्धन में डाल देना चाहिए। यदि दूसरा गुणवान पुत्र हो तो उसका वध करवा देना चाहिए। इसी तरह मन्त्री और सेनापति को भी यथोचित दण्ड देना चाहिए।

यदि कोई दूसरा पुत्र, भाई या अन्य बन्धु-बान्धव राज्य का लोलुप हो तो उसको किसी पद पर नियुक्त करके शान्त कर देना चाहिए। यदि किसी पद के देने में झंझट दिखाई देता हो, तो कोई छोटी या बड़ी जागीर देकर उन्हें सन्तुष्ट

कर देना चाहिए। इस तरह उपद्रवकर्ताओं को वश में करके, आभ्यन्तर का प्रतिकार कर लेना चाहिए।

राष्ट्र के प्रधान व्यक्ति अन्तपाल, आटविक (जंगल का राजा) एवं दण्ड द्वारा वश में किए गए बाहर के राजा द्वारा खड़ा किया गया उपद्रव बाह्य कोप कहलाता है। इनके उपद्रव के शान्त करने का सरल उपाय यह है कि इनको परस्पर लड़ा दिया जाए अथवा क्षत्रियों द्वारा इनमें फूट उत्पन्न करके इन्हें दुर्बल बना दिया जाए।

कई बार बाहर के अन्तपाल, राष्ट्रमुख्य आदि अधिकारी विपत्ति को खड़ा करते हैं और उनके साथ आभ्यन्तर मन्त्री, पुरोहित आदि उपजाप या षड्यन्त्र में मिल जाते हैं। ऐसी विपत्ति को बाह्योत्पत्ति आभ्यन्तर प्रतिजाप कहते हैं। इसी प्रकार कई बार आभ्यन्तर मन्त्री आदि तोड़-फोड़ को प्रारम्भ करते हैं और बाहर के अन्तपाल आदि उनके साथ उस उपजाप में सम्मिलित हो जाते हैं—इस विपत्ति को आभ्यन्तरोत्पत्ति बाह्य प्रतिजाप कहते हैं। इन दोनों प्रकार की विपत्तियों को साम-दाम आदि उपायों द्वारा प्रतिकार किया जा सकता है। यदि आभ्यन्तर मन्त्री, पुरोहित, राजकुमार या सेनापति बाहर के व्यक्तियों से भड़काए जा रहे हों, उन्हें साम, दाम से (समझाकर या कुछ देकर) वश में कर लेना चाहिए। और बाहर के लोगों पर तो भेद और दण्ड (फूट की नीति या वध वा बन्धन) का प्रयोग करना चाहिए।

बाह्य कोप की अपेक्षा आभ्यन्तर कोप सर्प के भीतर घुसे हुए कोप के समान भयंकर होता है। अतः प्रथम उसी का प्रतिकार करना आवश्यक है। बाह्य तथा आभ्यन्तर दोनों विपत्तियों का प्रतिकार करने के बाद ही विजय-यात्रा के लिए प्रस्थान करना चाहिए।

4. सेना-शिविर की योजना तथा सेना-प्रस्थान

पार्वतं वा नदीदुर्गम्, सापसार प्रतिग्रहम्।
स्वभूमौ पृष्ठतः कृत्वा, युध्येत निविशेत वा॥

विजय-यात्रा के लिए उद्यत हुआ राजा सब सामग्री से पूर्ण पार्वत्य अथवा नदीदुर्ग अपनी भूमि पर बनवाकर, उनमें निवास करे और युद्ध करने की तैयारी करे।

सेना के ठहरने के लिए स्कन्धावार अथवा सेना-शिविर का उचित स्थान

पर निर्माण होना चाहिए। वास्तु-विद्या में कुशल कारीगर इसकी रचना करें। इसके चार बड़े द्वार हों—इसमें छः मार्ग हों, चारों तरफ सुदृढ़ परकोटा और गहरी खाई हो। परकोटे की बाहर की परिधि में शिकारी कुत्तों के रखने वाले तथा अग्नि और तुरही बाजे के संकेत से शत्रु के आने की सूचना देने वाले गूढ़ रक्षक पुरुष होने चाहिए। दूसरी परिधि में मौल, भृतक आदि सेना का स्थान तथा अश्व, रथ और सेनापति का भवन होना चाहिए। तीसरी परिधि में हाथी, श्रेणी-बल और प्रशास्ता (कंटक शोधनाध्यक्ष) का स्थान होना चाहिए। मध्य में राजगृह-राजकोष आदि की व्यवस्था होनी चाहिए।

जिस मार्ग से शत्रु के आने की सम्भावना हो, उधर बनावटी कुएं खुदवा देने चाहिए और कांटेदार झाड़ियां बिछा देनी चाहिए। सेना-शिविर के चारों तरफ दिन-रात पहरा होना चाहिए, जिससे शत्रु के गुप्तचरों का भी ज्ञान होता रहे। इन पहरा देने वालों को परस्पर लड़ने, सुरा पीने, गोष्ठी करने और जुआ खेलने की बिल्कुल मनाही होनी चाहिए। शिविर के अन्दर आने और बाहर जाने के लिए राजकीय मुहर का प्रयोग होना चाहिए। जो सैनिक अपनी सेना को छोड़कर इधर-उधर व्यर्थ घूम रहा हो और उनके पास कोई राज्य-शासन (सरकारी काम) न हो उसे बन्धन में डाल दिया जाए। शिविराध्यक्ष कारीगर और मज़दूरों को लेकर मार्गों को साफ कराता रहे और स्थान-स्थान पर पानी का भी प्रबन्ध करे।

जब सेना का प्रस्थान प्रारम्भ हो, गांव और वन के मार्गों में ठहरने के स्थान पर घास, ईंधन, जल आदि का उचित प्रबन्ध पहले ही कर दिया जाए। यात्रा में जितनी खान-पान और वस्त्र आदि की आवश्यकता हो, उससे दुगुनी सामग्री लेकर चले। यदि सामान ले जाने वाली गाड़ियां न हों तो थोड़ा-थोड़ा सामान सैनिकों को ही सौंप दिया जाए या बीच में ठहरने के स्थानों पर उसका संग्रह करा दिया जाए।

जब राजा यात्रा आरम्भ करे, सबसे आगे दस सेनापतियों का अधिकारी नायक चले। राजा के इधर-उधर पार्श्व में घुड़सवार सेना चले, जो अपने भुजबल से शत्रु के छक्के छुड़ा देने वाली हो। सेना के पिछले भाग में हाथियों की सेना होनी चाहिए। सबसे पीछे अपनी-अपनी सेना के साथ उसका सेनापति चले।

यदि शत्रु के सामने से आने की सम्भावना हो तो अपनी सेना को मकर व्यूह रूप में अवस्थित करना चाहिए। यदि शत्रु पीछे से आए तो शकट व्यूह; इधर-उधर पार्श्व से आए तो वज्र व्यूह; यदि चारों ओर से आक्रमण करे, तो सर्वतोभद्र व्यूह; और यदि किसी एक ओर या संकुचित मार्ग से आक्रमण करे, तो सूचि व्यूह की रचना करनी चाहिए।

यदि सेना को ले जाने के दो मार्ग हों—अर्थात् अपनी भूमि और शत्रु की भूमि—तो सेना को अपनी भूमि से ही ले जाना चाहिए। सेना का एक योजन चलना अधम, डेढ़ योजन चलना मध्यम और दो योजन चलना उत्तम कहाता है।

सेना नदी को पार करने के लिए हाथी, पुल, नौका, काष्ठ के बेड़े, चमड़े की मशक आदि साधनों का प्रयोग करे। यदि पार उतरने के घाटों को शत्रु ने रोक रखा हो, तो हाथी और अश्वों से रात्रि के समय किसी अन्य मार्ग से सेना को पार उतार दे। जल-रहित प्रदेश से यात्रा के समय गाड़ी या चौपायों पर मार्ग की आवश्यकता के अनुसार जल को भी साथ ले जाए।

जब सेना चली जा रही हो और वन में लम्बे मार्ग आ रहे हों, जल न मिलता हो, घास-ईंधन दुष्प्राय हो, मार्ग कठिनाई से कट रहा हो, सेना बार-बार की चढ़ाई से थक चुकी हो, भूख-प्यास से व्याकुल हो रही हो अथवा किसी रोग के फैल जाने से पीड़ित हो रही हो—सेना के ऐसे कष्टों के समय राजा अपनी सेना की ध्यान से रक्षा करे। यदि शत्रु सेना इन्हीं कष्टों में फंसी हुई हो तो तत्काल उस पर आक्रमण कर दे।

जब शत्रु तंग मार्ग से गमन कर रहा हो, उस समय राजा की सेना के पुरुष—जाते हुए वाहन, भोजन सामग्री, शय्या, ध्वजा और शस्त्रों की गणना आदि से शत्रु की सेना के बल का पता लगाए और अपनी सेना के इन साधनों का यथाशक्ति पता न लगने दे।

इस प्रकार सुसज्जित और सावधान होकर विजय-यात्रा करता हुआ राजा शत्रु पर विजय प्राप्त कर लेता है। सेना का सुसंगठन करके और बाह्य एवं आभ्यन्तर विपत्तियों का प्रतिकार करके जो राजा विजय-यात्रा के लिए प्रस्थान करता है, वह अवश्यमेव सिद्धि को प्राप्त करता है।

5. अश्व, हस्ति, रथ, पदाति सेनाओं के काम

कुर्याद् गवाश्वव्यायोगं, रथेष्वल्पह्यो नृपः।
खरोष्ट्रशकटानां वा, गर्भमल्पगजस्तथा॥

जिस राजा के पास घोड़े कम हों, वह घोड़ों के साथ बैलों को रथ में जोड़ दे। इसी तरह जिस राजा के पास हाथी कम हों—वह उनकी कमी गधे, ऊंट और गाड़ियों से पूरी कर ले।

चतुरंगिणी सेना के चार मुख्य अंग हैं—अश्व, हस्ति, रथ और पदाति।

विजिगीषु राजा इन चारों अंगों को पूर्ण करके विजय-यात्रा के लिए निकले।

इनमें अश्व सेना का काम है—शिविर के लिए उचित भूमि का ढूंढ़ना, विषम स्थानों को पार करना, युद्ध सामग्री ले जाना, शत्रु सेना से लड़ना। अपनी सेना की रक्षा करना, भागी हुई सेना का पीछा करना, शत्रु के कोष को छीनना इत्यादि। अश्व सेना के लिए वह भूमि अधिक उपयोगी होती है, जिसमें कंकर, दलदल, कीचड़ आदि न हों।

हस्ति सेना का काम है—अपनी सेना के आगे चलना, नये मार्ग, निवास-स्थान, जलमार्ग बनाना, शत्रुओं को पीछे हटाना, जल को पार करना, शत्रु सेना के आक्रमण करने पर पंक्ति बांधकर खड़े होना, घने जंगल में घुस जाना, आग बुझाना, शत्रु सेना को तितर-बितर करना, शत्रु सेना को कुचलना, शत्रु के ऊंचे-ऊंचे द्वार-अटारियों को तोड़ना, शत्रु के कोष को लाद ले जाना इत्यादि। धूलि, कीचड़, पानी, घास, बल आदि से युक्त कांटों से रहित, वृक्ष की शाखाओं से न घिरी हुई भूमि, हस्ति सेना के संचालन के लिए उत्तम मानी जाती है।

रथ सेना का काम है—अपनी सेना की रक्षा, शत्रु की चतुरंगिणी सेना को रोकना, संग्राम में शत्रु के वीरों को पकड़ना, अपने वीरों को छुड़ाना, अपनी बिखरी हुई सेना को इकट्ठा करना, शत्रु की सेना को बिखेरना, अपना महत्त्व दिखाना और भयंकर शोर करना, इत्यादि। खड्डों से रहित समतल, वृक्ष, झाड़ आदि से शून्य, जलाशय से युक्त, खेत-क्यार से हीन भूमि रथ सेना के लिए उपयोगी है।

पैदल सेना का काम है—विजित देश को वश में करना, विजय को सुदृढ़ बनाना, अपने राजा के प्रभाव को स्थापित करना और उसके शासन को जमाना इत्यादि। न बहुत ऊंची-नीची, कांटों से रहित, यातायात साधनों से युक्त भूमि सेना के लिए उत्तम मानी जाती है।

इन चारों अंगों के अतिरिक्त सेना का एक अन्य अंग भी युद्ध में साथ जाना आवश्यक है—जिसे 'विष्टि' कहा जाता है। इसका काम खेमे-तम्बू आदि का प्रबन्ध करना; मार्ग में पुल, घाट, कुएं आदि बनवाना; घास आदि उखाड़कर रास्ता साफ करना, यन्त्र, हथियार, कवच तथा अन्य प्रकार का युद्धोपयोगी सामान एकत्र करना; सेना के लिए अन्न-संग्रह करना; युद्धभूमि के शस्त्र-अस्त्र आदि इकट्ठा करना, अश्व सेना के लिए खाद्य-सामग्री पहुंचाना इत्यादि है।

शक्तिशाली सेना ही राजाओं की सम्पत्ति मानी गई है। सेना में कुलक्रमागत सैनिक सारभूत माने गए हैं। अश्व और हस्ति-सेना में वे ही घोड़े वा हाथी सारभूत तथा उत्तम माने जाते हैं, जो अच्छी नस्ल के हों, ऊंचे कद के हों, वेगवान और

पराक्रमी हों, सवार के इशारे को समझते हों और शुभ लक्षणों तथा चेष्टाओं से युक्त हों।

मुख्यतया वह अश्व-युद्ध कहाता है जिसमें घोड़ों द्वारा अपनी सेना आदि से शत्रु सेना पर झपट्टा मारा जाए, शत्रु की सेना पर चारों ओर से प्रहार किया जाए। शत्रु सेना के बीच में घुसकर उसे मथ दिया जाए, भागती हुई शत्रु सेना का पीछा किया जाए और युद्ध के मैदान को शत्रुओं से खाली कर दिया जाए।

हस्ति-युद्ध वह है, जिसमें पक्ष, कक्ष और मध्य में खड़ी हुई शत्रु सेना को झपटकर मर्दन किया जाए, अथवा सोई हुई शत्रु सेना को पैरों तले रौंद दिया जाए।

अपनी भूमि में शत्रु पर आक्रमण करना या पीछे हटना अथवा ठहरकर युद्ध करते रहना—रथ-युद्ध है।

पत्ति युद्ध आमने-सामने की दो पैदल सेनाओं में होता है और उससे युद्ध के विजय या पराजय का अन्तिम निर्णय होता है। इसी पत्ति युद्ध से अपने तथा शत्रु के बल का वास्तविक परिचय प्राप्त होता है।

6. विजय तथा पराजय

यत्प्रसह्य हरेदन्यः तत्प्रयच्छेदुपायतः।
रक्षेत्स्वदेहं न धनं, का ह्यनित्ये धने दया॥

पराजय प्राप्त होने की अवस्था में राजा अपने आक्रमणकारी को, जो वस्तु वह बलपूर्वक हरण करना चाहे, वह स्वयं उसे तरीके से दे दे। इस तरह वह अपने शरीर की रक्षा कर ले। धन वा अन्य पदार्थ तो नाशवान हैं। उनकी रक्षा करते-करते अपने शरीर को खो देना बुद्धिमत्ता नहीं है। शरीर रहने पर धन पीछे भी एकत्र हो सकता है।

युद्ध के परिणामस्वरूप विजय अथवा पराजय दोनों ही हो सकते हैं। भारद्वाज मुनि का कथन है कि यदि राजा अपने को निर्बल देखे तो बलवान आक्रमणकारी के सम्मुख बेंत की तरह झुक जाए, क्योंकि जो बलवान के सामने झुकता है, वह तो इन्द्र के सम्मुख झुक रहा है। बलवान् एक प्रकार का इन्द्र है।

परन्तु आचार्य विशालाक्ष का मत है कि सारी सेनाओं का बल लगाकर भी निर्बल लड़ता रहे। पराक्रम ही विपत्ति का नाश करता है। क्षत्रिय का धर्म युद्ध करना है, युद्ध में जय वा पराजय—एक तो होती ही है।

आचार्य कौटिल्य इन दोनों मतों को नहीं मानते। वे कहते हैं कि जब सब कामों में निर्बल को झुकना पड़ा, तो कुर्बानी के मेंढे के समान वह अपने जीवन से भी निराश हो जाएगा। यदि वह यह थोड़ी सेना लेकर युद्ध में कूद पड़ेगा तो बिना नौका के समुद्र में कूदने के तुल्य वह डूब जाएगा। अतः निर्बल राजा को उचित है कि वह किसी शक्तिशाली राजा का आश्रय ले या किसी अविषह्य दुर्ग में बैठकर अपने विजयी होने की बुद्धिमत्ता से चेष्टा करे।

विजय तीन प्रकार की होती है—

1. लोभ विजय—जिसमें आक्रान्ता लूटमार की दृष्टि से किसी देश पर आक्रमण करता है और विजय के बाद प्राप्त की हुई सम्पत्ति एवं भूमि से सन्तुष्ट हो जाता है।

2. असुर विजय—जिसमें विजेता की सन्तुष्टि शत्रुओं को मारने तथा संहार करने में होती है।

3. धर्म विजय—जिसमें प्रति-सम्बन्ध स्थापित करके अन्य राज्यों को अपने प्रभाव में लाया जाता है और इतने मात्र से सन्तोष किया जाता है कि उन राज्यों के राजा लोग विजेता की प्रभुसत्ता को स्वीकार कर लेते हैं।

निर्बल राजा धार्मिक विजेता के सम्मुख अवश्य प्रणिपातवृत्ति को धारण करे और झुककर अपनी रक्षा कर ले। लोभी विजेता को भूमि देकर सन्तुष्ट कर दे और आसुर विजेता से दूत भेजकर सन्धि कर लेने की चेष्टा करे।

यदि आसुर विजेता सेना की सन्धि करना चाहे तो उसको निर्बल हाथी, अश्व दे दे या उन्हें ऐसा विष खिला दे कि थोड़े दिन में ही वहां जाकर मर जाएं। यदि वह पुरुष सन्धि करना चाहे तो भीतर से बिगड़े हुए पुरुष, शत्रु वा जंगली सेना को, जिसमें धोखे से अपने पुरुष घुसे हुए हों, उसके सुपुर्द कर दे। वे वहां ऐसा उपाय करें, जिससे दोनों का नाश हो जाए।

यदि विजेता कोष (धन) लेकर सन्धि करे, तो उसे इतनी कीमती सार वस्तु दे कि जिससे उसे खरीदने वाला न मिले अथवा ऐसी धातु की चीजें दे, जो युद्ध में काम न आ सकें। यदि बलवान शत्रु किसी तरह भी न माने तो केवल अपनी राजधानी बचाकर उसे सब कुछ भी देकर सन्धि कर ले।

इस तरह सन्धि द्वारा राजा अपने शरीर की रक्षा करके अपने बलवान शत्रु को पराजित करने के लिए बल का संग्रह करता रहे।

नवम अधिकरण

कूट युद्ध की रचना

1. कूट युद्ध अथवा मन्त्र युद्ध

एकं हन्यान्न वा हन्यादिषुः क्षिप्तो धनुष्मता।
प्राज्ञेन तु मतिः क्षिप्ता, हन्याद् गर्भगतानपि॥

धनुर्धारी से फेंका हुआ बाण एक को मारे, या न मारे, परन्तु बुद्धिमान द्वारा चलाई हुई बुद्धि गर्भगत बालकों को भी जा मारती है।

विजेता राजा तभी प्रकाश युद्ध का आश्रय ले जब उसकी सेना सर्वथा सुव्यवस्थित हो, बाह्य तथा आभ्यन्तर विपत्तियों का प्रतिकार हो चुका हो और शत्रु पक्ष में अमात्य आदि प्रकृतियां निर्बल हो चुकी हों। अन्यथा वह कूट युद्ध अथवा मन्त्र द्वारा शत्रु को पराजित करने की चेष्टा करे।

प्रकाश युद्ध में देश और काल का निर्देश करके परस्पर धर्म के नियमों को भंग न करते हुए, संग्राम किया जाता है। परन्तु कूट युद्ध में ऐसे किसी नियम का पालन करना आवश्यक नहीं। इसमें किसी भी साधन से शत्रु का नाश उद्देश्य होता है। झूठ, छल एवं प्रवंचना आदि का आश्रय भी इसमें अनुचित नहीं माना जाता।

कूट युद्ध में शत्रु को छिपाकर मारा जा सकता है, रात को सोते हुए नष्ट किया जा सकता है, भागते हुए पीछा करके समाप्त किया जा सकता है। इसमें गांवों को लूटा जा सकता है, फसलों को जलाया जा सकता है, पुलों को तोड़ा जा सकता है और जलाशयों को विष द्वारा दूषित किया जा सकता है।

प्रकाश अथवा धर्म युद्ध में समान शस्त्रधारी के साथ ही युद्ध किया जा सकता है। निःशस्त्र को नहीं मारा जा सकता; घुड़सवार पैदल से नहीं लड़ सकता;

हस्त्यारोही अश्वारोही से युद्ध नहीं कर सकता। किसी ऊंचे स्थान पर चढ़े हुए, हाथ जोड़े हुए, कवच उतारे हुए, उदासीन खड़े हुए, ऊपर देखते हुए, दुःख में मग्न, भयभीत, घायल, रोगी, लेटे हुए, मुख उलटाए हुए, पानी पीते हुए, भोजन खाते हुए, वस्त्र उतारते हुए या पहनते हुए व्यक्ति पर भी प्रहार नहीं किया जा सकता। युद्ध में ब्राह्मण, स्त्री, सारथि एवं राजदूत को भी नहीं मारा जा सकता। रोगी और घायल को युद्धक्षेत्र से सुरक्षित रूप में चिकित्सालय में ले जाया जा सकता है और मार्ग में उन पर शस्त्र नहीं चलाया जाता।

धर्मयुद्ध में समीपस्थ कृषि-संलग्न किसानों पर प्रहार नहीं किया जा सकता। उन्हें अपने कार्य में निर्विघ्न छोड़ दिया जाता है।

परन्तु कूट युद्ध में इन सब नियमों का पालन किया जाना आवश्यक नहीं। राजा विजय के एक लक्ष्य की सिद्धि के लिए इन सब नियमों का उल्लंघन कर सकता है।

विजयाभिलाषी राजा आवश्यकतानुसार अपनी प्रजा को भी धोखा दे सकता है और उन्हें शत्रु के विरुद्ध युद्ध में सम्मिलित होने के लिए अधार्मिक व धार्मिक उपायों द्वारा प्रेरित कर सकता है। वह अपनी सेना को प्रोत्साहित करते हुए कहे :

"जिन लोकों को यज्ञसमूह, तप तथा अनेक यज्ञीय पात्रों का संचय करने वाले स्वर्ग के अभिलाषी ब्राह्मण जाते हैं, उन्हीं लोकों को युद्ध में प्राण छोड़ने वाले शूरवीर क्षण-भर में प्राप्त कर लेते हैं।

"जो पुरुष स्वामी के अन्न में उऋण होने के लिए युद्ध नहीं करता उसे यज्ञीय जल से पूर्ण, सुसंस्कृत तथा पवित्र दर्भ से प्रावृत, आचमन-पात्र प्राप्त नहीं होता (अर्थात् वह किसी धार्मिक कृत्य में सम्मिलित नहीं किया जा सकता) और वह नरकगामी होता है।"

इस प्रकार के उत्साहपूर्ण, धर्माडम्बर-आश्रित व्याख्यान अपने मन्त्री और पुरोहितों द्वारा भी योद्धाओं को राजा दिलवाए। शूरवीरों को स्वर्ग का लालच दिखाने से और भीरुओं को नरक़ का भय दिखाने से कार्य-सिद्धि में बहुत सहायता प्राप्त होती है।

यदि राजा पराजित होने के बाद पुनः जीवन की आशा छोड़कर युद्धक्षेत्र में वापस लौट आए तो उसके आक्रमण का वेग असाध्य हो जाता है। ऐसा सोचकर राजा पराजित शत्रु को आवश्यकता से अधिक दबाने की चेष्टा न करे।

मन्त्र युद्ध का अभिप्राय बुद्धिमत्ता के उपायों से, बिना शस्त्र प्रयोग किए, शत्रु को पराजित करना है।

विजयाभिलाषी राजा मन्त्र युद्ध में शत्रु के अमात्य आदि को अपने स्वामी के विरुद्ध कर देता है और उसे निस्सहाय बनाकर अपने अधीन कर लेता है। वह शत्रु की सेना में भी विद्रोह उत्पन्न कर देता है–तब वह सेना अपने सेनापति तथा राजा का साथ छोड़ देती है। इस तरह भी शत्रु बलहीन होकर विजेता के अधीन हो जाता है।

मन्त्र युद्ध में वेश्याओं को शत्रु पक्ष में भेजा जाता है और उनके द्वारा अमात्य, सेनापति आदि उच्चाधिकारियों के भेदों का पता लगाया जाता है। विषकन्याओं के प्रयोग से राजकुमार वा राजा को मरवा भी दिया जाता है। राजमहिषी की सुन्दर परिचारिकाओं को भी धन देकर इस कार्य के लिए प्रयोग में लाया जा सकता है।

अथवा शत्रु के पास अपने याचकों को भेजकर, उनके द्वारा भोजन में ज़हर मिलाकर भी राजा या अन्य उच्चाधिकारियों को मरवाया जा सकता है।

जाली पत्र, नकली मुद्रा, मिथ्या शासन-प्रचार आदि से बुद्धिमान राजा शत्रु पक्ष में अव्यवस्था उत्पन्न कर दे और प्रजा को अपने राजा के प्रतिकूल कर दे। जिस राजा की प्रजा ही विरुद्ध हो गई हो, उसे पराजित करने और अपने अधीन करने में कोई कठिनाई नहीं होती। मन्त्र युद्ध से शस्त्र का प्रहार किए बिना ही कार्यसिद्धि हो जाती है।

2. अतिसन्धान (छल) द्वारा शत्रु-नाश

योगवामनयोगाभ्यां, योगेनान्यतमेन वा।
अमित्रमतिसन्दध्यात् सक्तमुक्तासु भूमिषु॥

वि[illegible]ाभिलाषी राजा अपने शत्रु को, जब वह किसी विपत्ति से ग्रस्त हो या उससे मुक्त हो रहा हो, कपट-योग अथवा अनुसंधान के अन्य उपायों द्वारा अपने वश में कर ले।

जब कभी शत्रु अपने देवता की पूजा के लिए किसी उत्सव में सम्मिलित होने जा रहा हो, उस समय अतिसन्धान का प्रयोग सर्वोत्तम है। जब शत्रु राजा मन्दिर में प्रविष्ट हो जाए, तो उसके ऊपर यन्त्र द्वारा गुप्त भीत या शिला गिरा दी जाए और उसे दुर्घटना द्वारा मर गया प्रसिद्ध कर देना चाहिए।

अथवा उत्सव के जिस तरफ राजा को आना हो, उधर बैठने-ठहरने या आने-जाने की भूमि में गोबर लीपने और सुगन्धित जल छिड़काव के बहाने विष छिड़का दिया जाए या फूलों में विष मिलाकर राजा को सुंघा दिया जाए। इस

तरह मृत्यु-प्राप्त राजा को अकस्मात् मरा हुआ घोषित कर दिया जाए।

अथवा शत्रु राजा के सोने-बैठने के स्थान के नीचे एक कुआं खोदकर उसके मुख को अच्छी तरह ढक दिया जाए। उसमें एक ऐसा यन्त्र लगाया जाए कि जिसकी कील निकलते ही राजा कुएं में गिर पड़े। इस कुएं में त्रिशूल-भाले डले रहने चाहिए—जिससे शीघ्र ही राजा की मृत्यु हो जाए।

अथवा शत्रु राज्य के चार कोस तक की सीमा तक तृणकाष्ठ आदि को आग लगा दी जाए अथवा राज्य में पीये जाने वाले पानी को दूषित कर दिया जाए, अथवा शत्रु सेना के मार्ग में शूल डालकर धोखे के कुएं खुदवा दिए जाएं, जिनमें बहुत-से सैनिक गिरकर मर जाएं।

शत्रु द्वारा खोदी हुई सुरंग का पता लगाकर राजा उसके मुकाबले में दूसरी सुरंग को विषैले धुएं से भरवा दे, जिससे शत्रु वहां से गुजरता हुआ नष्ट हो जाए।

विजयी राजा उसी स्थान पर अपनी स्थिति करे, जहां से वह शत्रु पर कपट से जुआरी की तरह प्रहार कर सके और अपने राज्य की रक्षा एवं अपनी राजधानी की वृद्धि कर सके।

यदि शत्रु पर धोखे से रात में आक्रमण करने से सिद्धि की सम्भावना हो तो रात्रि के समय सोते हुए शत्रु पर हमला कर दे।

यदि आक्रमण में असफलता हो जाए, तो दुर्ग के किसी पार्श्व से धर्म-ध्वजी साधुओं की मण्डली में सम्मिलित होकर अथवा मृतक के पीछे स्त्रियों में मिलकर राजा शत्रु के घेरे से बाहर निकल जाए।

यदि शत्रु राजा के अपने दुर्ग पर अधिकृत हो जाए तो राजा खाने-पीने की सामग्री में छिपकर बाहर निकल जाए, अथवा देवता की प्रतिमा के छिद्र में घुसकर बैठ जाए, या किसी पोली भीत या मूर्ति के नीचे तहखाने में अपने को छिपा ले। फिर किसी सुरंग के द्वारा राजगृह में घुसकर, अपने शत्रु को जो निश्चिन्त सो रहा हो, मार डाले अथवा राजगृह को आग लगवाकर उसको समाप्त कर दे। लाक्षागृह में अग्नियोग शीघ्रता से होता है। ऐसे लाक्षागृह में शत्रु को किसी उपाय से पहुंचाकर शीघ्र ही उसे भस्मसात् कर दे।

किसी प्रमदवन वा विहार-स्थान में आमोद-प्रमोद में लिप्त हुए शत्रु को सर्प, अग्नि या विषैला धुआं छोड़कर मरवा दे। ऐसे अन्य विविध गुप्त उपायों से मन्त्रविद् राजा अपने शत्रु को अपने बुद्धिबल से नष्ट कर दे। मन्त्र युद्ध में छल-कपट, योग वा अतिसन्धान द्वारा शत्रु का मारा जाना शास्त्र-विहित माना जाता है। शत्रु का नाश किसी भी उपाय से सिद्ध करना सर्वथा नीति-सम्मत है।

3. उपजाप (भेद-नीति) द्वारा शत्रुनाश

तथेति प्रतिपन्नेषु द्रव्यधान्यपरिग्रहैः।
साचिव्यं कार्यमित्येतद् उपजापाद्भुतं महत्॥

उपजाप वा भेद की अद्भुत नीति यही है कि शत्रु पक्ष के लोगों को अपने राज्य से फोड़ लिया जाए और उनको धन, धान्य, वस्त्र आदि की सहायता देकर अपने पक्ष में कर लिया जाए।

कूट युद्ध वा मन्त्र युद्ध में उपजाप अथवा भेद-नीति द्वारा भी शत्रु पर विजय प्राप्त की जाती है। राजा अपने गुप्तचरों द्वारा शत्रु देश में प्रसिद्ध कर देता है कि उसमें सर्वज्ञता के गुण हैं। वह शत्रुओं के सब छिद्रों को जानता है और किसी समय उन पर आक्रमण कर सकता है। साथ ही वह यह भी प्रसिद्ध कर दे कि उसका देवताओं से घनिष्ठ सम्बन्ध है और वह उनसे प्राप्त दिव्य शक्तियों द्वारा जल, अग्नि, वायु आदि पर स्वेच्छापूर्वक विहार कर सकता है। वह अपनी इन दिव्य शक्तियों से शत्रु का क्षण में सर्वसंहार कर सकता है। राजा की इन बातों को अपने देश के ज्योतिषी, शकुन-शास्त्री, मुहूर्त देखने वाले भी प्रसिद्ध कर दें और शत्रु देश में उसकी सर्वज्ञता तथा दिव्यता की धाक बिठा दें।

राजा के भेजे हुए दूत भी शत्रु के अमात्य वा सैनिक पुरुषों के सम्मुख अपने स्वामी की जीत और शत्रु पक्ष के निकट भविष्य में होने वाले नाश की प्रसिद्धि कर दें। वे शत्रु पक्ष में जो चतुर पुरुष हों, उनको दिन-रात गधे की तरह काम करने वाले बताएं, उसके सैनिकों को राजा के लट्ठ व कुल्हाड़ी रूप में बताएं, जो राजा द्वारा दूसरों के गिराने, वा काटने के काम आते हैं। जो निराश पुरुष हों, उन्हें कहें कि राजा तो एक फलहीन बेंत के समान है; वह थोथे मेघ के सदृश है, जिससे किसी वस्तु की आशा नहीं की जा सकती। अपमानित व्यक्तियों को राजा की उपमा वज्र-वर्षा से दें, जो किसी समय गिरकर उनका नाश कर सकता है। इस प्रकार प्रजा के लोगों को राजा के विरुद्ध उत्तेजित करने के लिए राजदूत वा अन्य गुप्त पुरुष यत्न करते रहें।

राजा, जो अपने कथन में आ जाएं, उन्हें धन और मान द्वारा सम्मानित करे। जब-जब इन पर धन वा अन्न-संकट हो, राजा शत्रु पक्ष के इन संकटों को दूर करने का यत्न करे। जब दुर्भिक्ष, चोर वा जंगली जातियों के उपद्रव हो रहे हों, तो राजा उन्हें शीघ्र ही शान्त कर देने की चेष्टा करे। इस प्रकार शत्रु पक्ष

को अपने राजा से फाड़कर विजेता उसे अपने पक्ष में मिलाने का उपाय सोचे। इस तरह भी शत्रु पर विजय पाई जा सकती है।

कपट द्वारा भी यदि कार्य-सिद्धि हो तो राजा उसके आचरण में संकोच न करे। कापटिक नाम के गुप्त पुरुषों को शत्रु राजा के देश में भेजकर वहां जाल बिछाकर राजा वा उसके मुख्य अमात्यों को मरवाने का षड्यंत्र रचे।

कापटिक गुप्तचर अपना सिर मुंडाकर अथवा जटा रखकर किसी पर्वत-कन्दरा में रहना शुरू कर दे, जो शत्रु-राजा के देश में हो। वह अपने शिष्यों के द्वारा प्रसिद्ध करवा दे कि एक सिद्ध महात्मा जिनकी आयु 400 वर्ष की है, अग्नि में प्रवेश करके अपने शरीर को फिर युवा बना सकते हैं। ये शिष्य कन्द-मूल, फल लाने के बहाने अमात्यों वा राजा से मिलें और उनको इन तपस्वी महाराज के दर्शन के लिए प्रेरित करें। जब वे स्त्री-पुत्रों सहित वहां आएं तो उनको गुप्त सैनिकों द्वारा मरवा दिया जाए या कैद कर लिया जाए।

इसी प्रकार कोई अन्य मुण्डी वा जटाधारी गुप्तचर प्रसिद्ध करवा दे कि वह सोने के खजाने का पता लगाने में चतुर है। जब शत्रु राजा अपना राज्य-कोष कहां पर है—यह पता लगाने के लिए इस महात्मा के पास आए तो गुप्त सैनिक उसे गुपचुप मार दें।

सिद्ध तपस्वी वेश में कोई अन्य गुप्तचर ऐन्द्रजालिक प्रक्रियाओं से जल में निवास करना प्रारम्भ कर दे और अपने को वरुण अथवा नागराज प्रसिद्ध करवा दे। जब उसके दर्शनों के लिए राजा वा अमात्य आएं तो उन्हें मरवा दिया जाए।

नगर के समीप रात में किसी चैत्यालय (देवोद्यान) के वृक्ष पर चढ़कर तीक्ष्ण नाम का गुप्तचर, घड़ों के मध्य में तांत आदि को बजाते हुए अस्पष्ट रूप से यह कहे कि इस राजा या इसके अमात्यों का मांस खाएंगे, नहीं तो हमारी पूजा करो। अन्य गुप्तचर या शाकुनिक अथवा ज्योतिषी के भेष में यह प्रसिद्ध करे कि चैत्यालय से ऐसी अस्पष्ट वाणी का होना राजा तथा अमात्यों के लिए अहितकर है, अतः शीघ्र ही राजा तथा अमात्यों को चैत्यालय में जाकर शान्तिकर्म, प्रायश्चित्त और देव-पूजन करना चाहिए। जब वे लोग इन कामों के लिए वहां आएं, गुप्त सैनिकों द्वारा उन्हें मरवा दिया जाए।

जो शत्रु राजा स्त्री लोलुप हो, उसे देवदासी से भोग करवाकर देवोद्यान में मरवा दिया जाए।

जो उत्सव, खेल-कूद, संगीत, गाने-बजाने आदि का शौकीन हो उसे नाट्यशाला

में नाटक देखने के लिए बुलाकर और मद्य का सेवन कराके, नशे की अवस्था में ही तीक्ष्ण पुरुषों द्वारा मरवा दिया जाए।

ऐसे अनेक अन्य गुप्त उपायों से भी शत्रु राजा को मरवा देने में संकोच नहीं करना चाहिए।

4. संघों का (भेद नीति द्वारा) वश में करना

संघा हि संहतत्वादधृष्याः परेषाम्। संघलाभो दण्डमित्रलाभानामनुत्तम।ताननुगुणान् भुञ्जीथ सामदानाभ्याम। विगुणान् भेद दण्डाभ्याम्।

संघ में बड़ी शक्ति होती है। उन्हें सुसंगठित होने के कारण सुगमता से पराजित नहीं किया जा सकता। बुद्धिमान राजा साम और दाम द्वारा देश के अन्तर्गत संघों को अपने अनुकूल बनाकर रखे। यदि वे प्रतिकूल हो जाएं तो उन्हें भेद और दण्ड नीति के द्वारा वश में करने का यत्न करे।

संघ दो प्रकार के होते हैं। प्रथम क्षत्रियों के संघ, जो वार्ता (कृषि, वाणिज्य, पशु-पालन) तथा शस्त्रों द्वारा जीविका चलाते हैं। दूसरे सामन्तों के संघ, जैसे लिच्छवि, मल्लक, कुरु, पाञ्चाल आदि जो अपने को राजा की उपाधि से विभूषित करते हैं और अपने को राजा मानते हैं।

यदि ये संघ राजा के प्रतिकूल जाएं तो राजा इन्हें वश में करने के लिए प्रथम भेद नीति का आश्रय ले। इन संघों के पास सत्री संज्ञक (गुप्तचर) जाकर रहें और इनके दोष, द्वेष और वैर का पता लगाकर समयानुसार इनमें भेद डलवा दें। 'वह संघ तुम्हारी इस तरह निन्दा करता था' इत्यादि भड़काने वाली बातें करके दोनों ओर भेद की आग भड़का दें। संघों के जो प्रधान पुरुष वेश्यागामी अथवा सुरा सेवी हों, उनकी दूसरे संघ के वैसे ही प्रधान पुरुषों के साथ ईर्ष्या उत्पन्न कराके परस्पर लड़ाई करवा दें।

संघ के जिन राजकुमारों की बड़ी प्रतिष्ठा हो उनका छोटी प्रतिष्ठा वाले राजकुमारों के साथ एक पात्र में भोजन तथा विवाह-सम्बन्ध रुकवाकर, उनमें परस्पर वैर के बीज बो दे। इसी तरह बड़ी स्थिति तथा छोटी स्थिति के अन्य पुरुषों में भी कलह उत्पन्न करके संघ की शक्ति निर्बल बनाने की चेष्टा करे। इस तरह के सारे कलहों में राजा दुर्बल पक्ष को कोष या सेना के द्वारा अपने पक्ष में मिलाकर प्रतिपक्ष के वध में नियुक्त करे।

संघ के फोड़े हुए लोगों को पृथक्-पृथक् भू-भागों में, उनके पांच घर या दस घर बसाकर खेती के काम में लगा दे। यदि वे सारे एक जगह बसा दिए

जाएंगे तो फिर कभी शस्त्र-ग्रहण को तैयार हो जाएंगे। राजा इनसे समय पर राज्य का कर-संग्रह करता रहे।

संघ में जो घनिष्ठ लोग हों, राजा उनको अपने साथ मिला ले और उन्हें अपने पुत्र व भाइयों को धर्म-शिक्षा देने के लिए नियुक्त कर दे। जो अधार्मिक लोग हों, उन्हें उन धार्मिक व्यक्तियों के विरुद्ध भड़काकर उनसे पृथक् कर दे।

यदि किसी संघ के अनेक मुख्य पुरुष एक कामिनी पर मोहित हों, तीक्ष्ण नाम के गुप्तचर उस कामिनी द्वारा, धन देकर परस्पर कलह उत्पन्न करा दें और गुप-चुप शस्त्रों द्वारा वध कर डालें और फिर प्रसिद्धि करा दें कि वे कामीजन परस्पर के कलह में मारे गए हैं।

यदि झगड़े की बात खड़ी हो जाने पर भी एक मुख्य पुरुष झगड़े के लिए तैयार न हो तो उसके पास जाकर स्त्री कहे, ''वह अधिकारी मुझे आपके पास आने से रोकता है। क्या करूं? मैं तो आपको हृदय से चाहती हूं। जब तक वह जिएगा, मैं आपके पास नहीं ठहर सकती हूं। इसी प्रकार उसे दूसरे मुख्य पुरुष के विरुद्ध प्रयुक्त कर दे। राजा के गुप्तचर ऐसी स्त्रियों को राजा की तरफ से यथेष्ट पुरस्कार पहुंचाएं।

ज्योतिषी के भेष में फिरने वाला गुप्तचर किसी अन्य से वरण की हुई कन्या को अन्य द्वारा ग्रहण कराने की चेष्टा करे। वह कहे कि अमुक व्यक्ति की कन्या राजपत्नी और राजमाता होगी, क्योंकि उसके लक्षण और ग्रह ऐसे ही दिखाई देते हैं। तुम सर्वस्व देकर या बलपूर्वक उसे छीन लाओ। इस तरह एक को दूसरे के विरुद्ध भड़का दे। उनका परस्पर कलह अवश्यम्भावी है।

भिक्षुक रूप में कोई स्त्री गुप्तचर संघ के मुख्य पुरुष के पास जाकर कहे कि अमुक संघ का अधिकारी अपनी जवानी के मद में भरकर, मुझे तुम्हारी भार्या के पास दूती बनाकर भेजना चाहता था। उसके भय से मैं उसका पत्र और आभूषण लेकर आ भी गई हूं। मैं शपथ से कहती हूं कि तुम्हारी पत्नी सर्वथा निर्दोष है, उसे अभी तक कुछ पता नहीं है। तुम चुपचाप उस दुष्ट अधिकारी को मरवा डालो। राजा इस तरह परस्पर विरोध उत्पन्न कराके संघ के प्रधान अधिकारियों को लड़वा दे और संघशक्ति को निर्बल बना दे। निर्बल संघों पर राजा अपना पूर्ण प्रभुत्व स्थापित कर सकता है।

यदि ये संघ राजा की अधीनता में रहेंगे तो अपनी शक्ति द्वारा शत्रु विजय में उसकी सहायता कर सकते हैं और उसके प्रभुत्व का क्षेत्र अधिक विस्तृत कर सकते हैं।

5. विजित देश में विजेता का व्यवहार

चरित्रमकृतं धर्म्यं कृतं, चान्यैः प्रवर्तयेत् ।
प्रवर्तयेन्न चाधर्म्यं कृतं चान्यैः निवर्तयेत॥

जिन धर्मयुक्त व्यवहारों का विजित देश में लोप हो चुका हो, विजेता उनको प्रचलित करे और जो धर्म व्यवहार प्रचलित हों, उनकी सहायता करे, विजेता अपनी ओर से अधर्मयुक्त व्यवहारों को न होने दे और दूसरों द्वारा किए गए अधार्मिक व्यवहारों का निवारण करे।

विजय करने के बाद विजित देश में विजेता ऐसे व्यवहार की स्थापना करे कि वहां की प्रजा उससे सन्तुष्ट हो जाए। बिना प्रजा को सन्तुष्ट रखे, राजा एक क्षण भी राज्य नहीं कर सकता।

विजेता अपने प्रजा-पालन के गुण से और यज्ञानुष्ठान आदि सत्कर्मों से प्रजा को अपने प्रति आकर्षित कर ले। वह अधिक कर लेना छोड़ दे। प्रजा की दुर्भिक्ष आदि में धन तथा धान्य से सहायता करे। समय-समय पर मुखिया लोगों पर अनुग्रह करके उपहार आदि देकर उनका सत्कार प्रकट करे। अपने से कुपित हुए पक्ष को उनको दिए वायदे पूरे करके अपने वश में कर ले। जो राजा प्रथम देने को कहकर फिर मुकर जाता है, वह अपने-पराये सबकी दृष्टि में गिर जाता है और निरर्थक ही दूसरों की शत्रुता मोल ले लेता है।

पुनः राजा विजित देश की प्रजा की वेशभूषा, भाषा और आचार को भी अपनाने का यत्न करे। जो राजा ऐसा नहीं करता, वह सदा विदेशी बना रहता है और प्रजा उसे कभी 'अपना' स्वीकार नहीं करती। विजित देश की संस्कृति (भाषा, वेशभूषा, आचार) अपनाये बिना विजेता अपने शासन को कभी चिरस्थायी नहीं बना सकता। अतः विजेता को उस देश के देवता, समाज, उत्सव, विहार आदि में सदा पूर्ण सहयोग देते रहना चाहिए। अन्यथा वह शीघ्र अपदस्थ हो जाएगा।

विजेता देश के ब्राह्मणों और विद्वानों की भी पूजा करता रहे। उन पर किसी प्रकार का कर न लगाए—प्रत्युत उन्हें पूजा-वेतन, द्रव्य, अन्न आदि का दान देता रहे। देश की ब्रह्मशक्ति को वश में कर लेने से शेष प्रजा स्वयं वश में हो जाती है।

विजेता को विजित देश पर शासन प्रारम्भ करते ही सब पहले के कैदी छोड़ देने चाहिए। चार महीने में पन्द्रह दिन किसी को फांसी न दी जाए। पूर्णमासी

के पर्वों पर भी किसी को प्राणदण्ड न दिया जाए। राज्य-प्राप्ति अथवा सिंहासन के नक्षत्र में भी किसी को वध की सजा न दी जाए। अभिषेक के समय प्राणदण्ड प्राप्त अपराधियों को मुक्त कर दिया जाए।

विजेता राजा दीन, अनाथ और रोगियों पर दया प्रकट करे और उनके लिए अनाथालय, चिकित्सालय आदि की स्थापना करे। ऐसा करने से विजेता प्रजा का शीघ्र ही प्रिय बन जाता है।

विजेता के गुप्तचर देश, ग्राम और जातियों के मुख्य पुरुषों के सम्मुख सदा पहले राजा के बुरे व्यवहारों तथा अन्याय का वर्णन करते रहें। वे नये राजा की उदारता तथा न्याय-परायणता को स्थान-स्थान पर प्रख्यापित करें।

जिन-जिन लोगों ने विजेता के प्रभुत्व की स्थापना में सहयता की हो, विजेता उन पर अनुग्रह करना कभी न भूले, अन्यथा वे प्रतिकूल होकर प्रजा में असन्तोष उत्पन्न कर देते हैं।

जो व्यवहार कोष और सेना का घातक हो अथवा धर्महीन हो, विजेता उसे हटाकर धर्म-व्यवहार की स्थापना करे। चोरी का पेशा करने वाले तथा म्लेच्छों को उपयोगी धन्धों में लगाए, जिससे वे पापमय जीवन का परित्याग कर सकें।

दुर्ग तथा सेना के मुख्याधिकारियों को एक स्थान पर अधिक देर तक न टिकने दे, जिससे वे अधिक प्रबल न हो जाएं। जो मंत्री वा अमात्य अभी तक शत्रु के गुणों का स्मरण करते हों, उन्हें पदच्युत करके दूर प्रदेश में निर्वासित कर दे। उनके स्थान पर सुपरीक्षित एवं सुयोग्य अधिकारियों को नियुक्त करे।

जिस दोष के कारण अपना राज्य शत्रु द्वारा पहले कभी छीना गया था, उस दोष को राजा पुनः न उभरने दे। जिन गुणों की लोग प्रशंसा करते हों, विजेता उन्हें अपने में धारण करने का प्रयत्न करे। यदि पिता, भाई अथवा राजकुमार के किसी दोष से प्रजा में असन्तोष हो, तो उसे दूर करने का वह भरसक यत्न करे। इस तरह विजित देश में व्यवहार करता हुआ विजेता दृढ़ मूल हो जाता है। अन्यथा वह शीघ्र ही कुपित प्रजा द्वारा राजगद्दी से उतार दिया जाता है और मार दिया जाता है।

दशम अधिकरण

शत्रुनाश के अद्भुत औपनिषदिक उपाय

1. शत्रुनाश के लिए विषैली औषधियों का प्रयोग

चातुर्वर्ण्यरक्षार्थमौपनिषदिकमधर्मिकठेषु प्रयुञ्जीत।

राजा को चाहिए कि वह चारों वर्णों की रक्षा के निमित्त मंत्र और औषधों के प्रयोगों को अधार्मिक शत्रुओं में ही प्रयुक्त करे।

राजा अन्धे, गूंगे, बहरे, बौने, कुबड़े आदि के रूप में विचरने वाले गुप्तचरों द्वारा शत्रु के शरीर या भोजन में कालकूट विष का प्रयोग करवा के उसे मरवा दे। अथवा शत्रु के क्रीड़ा-गृह में अपने तीक्ष्ण नामक गुप्तचरों द्वारा शस्त्र रखवाकर उनसे समय पर शत्रु की हत्या करवा दे। घने जंगल आदि स्थानों में रात्रि के समय घूमकर जीविका कमाने या आग लगाने वाले गुप्तचर शत्रु के स्थान को आग से जलाकर उसे मार डालें।

चितकबरा मेंढक की कौण्डिन्यक वीड़ा, जंगली तीतर, कूटजड़ी के पत्ते आदि पांचों अंग, कनखजूरा—इन पदार्थों के चूर्ण को भिलवा और बावर्ची के रस में मिलाकर खिला देने से शत्रु की तत्काल ही मृत्यु हो सकती है। इसी प्रकार उच्चिदिंग कीड़ा, शम्बली कीड़ा, शतावर, ज़मीकन्द और किरकीट जन्तु के चूर्ण में भिलावा और बावची के रस की भावना देने से उत्पन्न धुएं द्वारा भी फौरन मृत्यु हो जाती है।

चिड़चिड़े और यातुधान नामक जड़ी की जड़ को भिलावे के फूलों के साथ मिलाकर खिला देने से शत्रु पन्द्रह दिन में मर सकता है। अमलतास की जड़ भिलावे के फूलों के चूर्ण के साथ मिलाकर खिला देने से शत्रु की एक मास में मृत्यु हो सकती है।

शतावरी, कपूर, अगर, कस्तूरी और कंकोल में घिसा हुआ उच्चिदिंग, कनेर, कड़वी तुम्बी और मछली का धुआं धतूरे के साथ हवा के रुख उड़ाया हुआ जहां तक जाता है, वहां तक विद्यमान शत्रुओं का संहार कर देता है।

पूतिकीट (कुछ-कुछ कांटेदार कीड़ा) मछली, कद्दू की तुम्बी, शतावर, कपूर, अगर आदि का लेप यदि बकरे के सींग और खुर के साथ मिला दिया जाए तो इनका धुआं मनुष्य को अंधा बना देता है।

मैना, कबूतर, बगुला और बगुली इन पक्षियों की विष्ठा को आक, सेंजनी, पीलु तथा सेंढ इन चारों वृक्षों के दूध में पीसकर अंजन तैयार किया जाए तो वह प्राणियों को अन्धा करने वाला तथा जल को दूषित करने वाला होता है।

जलपीपल, धान की जड़, मैनफल, चमेली, पत्रक और नरमूत्र—इन सब चीज़ों को मिलाकर, उसमें यदि गूलर, धतूरा और कोदों के क्वाथ का योग दे दिया जाए तो 'मदनयोग' तैयार हो जाता है। यह योग चित्त को उन्मादक अर्थात् शत्रुओं को पागल बना देने वाला होता है।

गिरकिट और छिपकली को मिलाकर खिलाने या धुआँ देने से कुष्ठरोग हो जाता है। यही योग चितकबरे मेंढक की आंत तथा शहद में मिलाकर देने से प्रमेह रोग उत्पन्न कर देता है। यदि इसी योग को मनुष्य के लोहित से युक्त कर दिया जाए तो इससे तपेदिक रोग पैदा हो जाता है। धतूरा और कोदों का चूर्ण दीमक-कीट के साथ मिलाया हुआ विशूचिका (हैज़े) रोग को उत्पन्न करता है। इन सब प्रयोगों से शत्रु पक्ष में महामारियां पैदा करके उसका नाश किया जा सकता है।

सेमल, विदारीकन्द, धनिया, पीपलामूल और वत्सनाभ के संयोग से बनाया हुआ और छछूँदर के रक्त में भीगा हुआ बाण जिसके लगेगा, वह पुरुष दस अन्य पुरुषों को काट देगा और फिर प्रत्येक मनुष्य दस-दस को काटता जाएगा। इस प्रकार पागल कुत्ते का-सा विष सर्वत्र फैल जाएगा।

लाल और सफेद सरसों के साथ गोधा जन्तु को तीन पक्ष तक मिट्टी के बर्तन में भूमि में गड्ढा खोदकर गाड़ दे। अब जिसे मारना है, उसके द्वारा उसे खुदवाओ, तो वह ज्यों ही उसे देखेगा, उसी वक्त मर जाएगा। इस तरह रखा हुआ काला सांप भी देखते ही मृत्युजनक होता है।

बिजली से जलाए हुए अंगारे का कोयला, बिजली से जली हुई लकड़ी के द्वारा प्रदीप्त करके, उससे कृतिका या भरणी नक्षत्र में रौद्रकर्म द्वारा हवन करके जो अग्नि प्रदीप्त की जाए, यदि उसे कहीं पर लगा दिया जाए तो वह अग्नि

पानी से नहीं बुझाई जा सकती। इस अग्नि को देखकर शत्रु की आंखें चौंधिया जाती हैं।

इस प्रकार के अन्य अनेक औपनिषदिक उपायों से शत्रु पक्ष को नष्ट किया जा सकता है। परन्तु इसका प्रयोग केवल अधार्मिक शत्रुओं के नाश में ही करना चाहिए। धार्मिक शत्रु का मुकाबला धर्मयुद्ध अथवा प्रकाश युद्ध से ही करना चाहिए।

2. शत्रुनाश के लिए माया का प्रयोग

अनिष्टैरद्भुतोत्पातैः परस्योद्वेगमाचरेत् ।

राजा अनिष्टकारी अद्भुत उत्पातों से शत्रु में उद्वेग को उत्पन्न करे।

माया के प्रयोगों द्वारा भी शत्रु का नाश करना अनुचित नहीं। विजयाभिलाषी राजा इन प्रयोगों से अपनी सेना के लोगों की आकृति-परिवर्तन कर दे और शत्रु सेना को धोखा देकर उसे पराजित कर दे। इन माया प्रयोगों से वह शत्रु की शक्ति का क्षय और अपनी शक्ति की वृद्धि कर सकता है।

सफेद बकरे के मूत्र में सात रात तक सरसों को भिगो दिया जाए और उसे फिर पन्द्रह दिन तक कड़वी तूम्बी में रखा जाए। ऐसे तैयार किए तेल को यदि मनुष्य पर लगा दिया जाए तो उसका आकृति-परिवर्तन हो जाएगा और उसका दूसरा रंग दिखाई देने लगेगा। श्वेत बकरे या श्वेत गधे के मूत्र और मल के रस के साथ पकाया हुआ सरसों का तेल आक, पारस, पीपल और धान्य के चूर्ण के साथ मिलाकर लगाने से मनुष्य श्वेत रंग का हो जाता है। आक की रुई, अर्जुन वृक्ष का कीड़ा, सफेद छिपकली—इन सब चीज़ों को पीसकर यदि बालों पर लगाया जाए तो बाल शंख की तरह सफेद हो जाते हैं।

बड़ के कषाय से स्नान तथा पिथावीस के कल्प की मालिश करने से मनुष्य काली आकृति में बदल जाता है। गीध पक्षी का मांस, कंगनी का तेल, हड़ताल और मनसिल भी मनुष्य को काला बना देती है।

सिरस, गूलर और छोंकरा के चूर्ण को घृत में मिलाकर यदि खाया जाए तो पन्द्रह दिन तक भूख नहीं लगती। कसेरु, कमल की जड़, गन्ने की जड़, कमल की डंडी, दूब, दूध, घी तथा मांड इन सब चीज़ों को मिलाकर बनाया हुआ योग एक महीने तक भूख नहीं लगने देता। सेना के सिपाही इसका सेवन कर निश्चित रूप में शत्रु के साथ युद्ध कर सकते हैं।

नीम, खरेडी, बेंत, थोहर, केला—इन सब वृक्षों की जड़ का कल्क बनाकर

और उसमें मेंढक की चर्बी मिलाकर बने तेल की पैरों में मालिश करने से मनुष्य आग के अंगारों पर फूलों की ढेरी पर चलने के समान चल सकता है।

केंकड़े के अंडे, मेंढक, कंक तथा गीध की पसलियों को कमल के जल में पीसकर यदि उस लेप को उल्लू और गीध की चर्बी में मिलाकर और ऊंट के चमड़े की जूती पर उसका लेप चढ़ाकर, इसे पहना जाए तो मनुष्य पचास योजन जा सकता है।

ऐसे अन्य अद्भुत माया के प्रयोगों से विजयाभिलाषी राजा अपनी सेना को सबल बनाए और शत्रु सेना को प्रवंचना द्वारा पराजित कर दे।

यदि शत्रु अपनी सेना पर विषैली औषधियों अथवा माया का प्रयोग करे, तो बुद्धिमान राजा उनके प्रतिकार के उपायों का प्रयोग करे और अपनी सेना को निर्बल न होने दे।

यदि सेना के किसी सिपाही को धतूरे का विष पिला दिया गया हो, तो सृगालविन्ना की औषधि, धतूरा, सम्भालू, वरना और गजपीपल—इन पांचों की जड़ के चूर्ण के साथ दूध पिलाने से वह विष उतर जाता है।

कायफल, कांटेदार करंज्जुआ और तिल का तेल मिलाकर नाक में डालने से उन्माद-हरण हो जाता है। कंगनी और करजुआ का योग कुष्ठरोग का नाशक होता है। कूट और लोध का योग क्षयरोग का नाशक होता है।

अचेत पुरुष को सचेत करने के लिए कंगनी, मजीठ, तगर, लाख, महुआ, हल्दी और शहद—इन सबका योग उपयोगी होता है।

सोने में जड़वाकर मणि को यदि धारण किया जाए तो मनुष्य का विष स्वयं दूर हो जाता है। गिलोय, सफेद सम्भालू, काली पांडरी, पुष्प औषध, अमरबेल, नीम तथा पीपल के फल के योग को सुवर्ण के ताबीज में पहनने से भी सब विष दूर हो जाते हैं।

गिलोय आदि औषधियों से लिप्त करके बनाए हुए बाजों का शब्द भी विषनाशक होता है तथा इनसे लिप्त ध्वजा और पताका को देखकर भी विष नष्ट हो जाता है। विजेता इन सब योगों से अपनी सेना की रक्षा करे तथा इन सब विष, धूम और दूषित जल के प्रयोगों से शत्रु का नाश करे।

3. शत्रुनाश के लिए मन्त्रों का प्रयोग

मन्त्रभैषज्यसंयुक्ताः, योगाः मायाकृताश्च ये।
उपहत्याहमित्रास्तः स्वजनं चाभिपालयत्॥

मन्त्र औषध तथा माया के योगों द्वारा सभी उपायों से शत्रु का नाश करना चाहिए और स्वपक्ष की परिपालना करनी चाहिए।

मन्त्र के अथवा अभिचार के प्रयोगों द्वारा भी शत्रु का नाश किया जा सकता है। विजेता अभिचार मन्त्र द्वारा शम्बर, भण्डीर, पाक, नरक, निकुम्भ तथा कुम्भी नाम के मायावी राक्षसों की और देवल, नारद, सावर्णि, गालव आदि ऋषि-मुनियों की सर्वप्रथम वन्दना करता है। इसके अनन्तर वह प्रस्वापन-मन्त्रों का उच्चारण करता है, जिससे शत्रु घोर निद्रा में सो जाते हैं और विजेता उसकी सेना के सब शस्त्रास्त्रों तथा वस्त्रों का हरण कर ले जाता है। वशीकरण मन्त्र के उच्चारण के साथ सब शत्रु सैनिक विजेता के वश में हो जाते हैं और अञ्जलि बांधकर खड़े हो जाते हैं।

चार रात उपवास रखकर यदि विजेता कृष्ण पक्ष की चतुर्दशी में किसी मरे हुए पुरुष की हड्डियों का बैल का ढांचा बनाकर अभिमन्त्रित करे, तो इसके सिद्ध होने पर दो बैलों की गाड़ी उपस्थित हो जाएगी और वह विजेता उस गाड़ी से आकाश में उड़ सकता है।

एक अन्य मन्त्र के उच्चारण से शत्रु के दुर्ग का द्वार तथा उसका ताला खोला जा सकता है।

दक्षिणी पुनर्नवा, कौओं को मीठा लगने वाला नीम, बन्दर के रोम और मनुष्य की हड्डी, मृतक वस्त्र (कफन) में बांधकर अभिचारमन्त्र सहित जिस घर में गाड़ दिया जाए या पीसकर पिला दिया जाए, तो उस घर का पुरुष अपनी, स्त्री, पुत्र, धन के सहित तीन पक्ष में नष्ट हो जाता है।

इसी प्रकार यदि बकरा, बन्दर, बिलाव, नेवला. कौआ और उल्लू के बाल इकट्ठे करके, इन्हें अभिचार मन्त्र सहित किसी शत्रु पर डाल दिया जाए तो वह तत्काल मर जाता है।

इन सब मन्त्र, औषध तथा माया के प्रयोगों द्वारा नाश अपेक्षित है, क्योंकि जीवित रहता हुआ शत्रु विजेता के लिए सदा भय का कारण बना रहता है। वस्तुतः शत्रुनाश सभी उपायों में वांछनीय है।

❑❑❑